Eberhard von Puttkamer

Motorradtouren in den Alpen

Steiger Motorradführer

Eberhard von Puttkamer

Motorradtouren in den Alpen

71 Farbabbildungen, 20 Tourenkarten
und eine Übersichtskarte

Steiger Motorradführer

Der Autor:
Eberhard von Puttkamer wohnt am Alpenrand und bereist seit vielen Jahren die Alpen mit dem Motorrad. Er ist immer auf Entdeckungsreise zu den landschaftlich reizvollen, weniger befahrenen Wegen, die für jeden Motorradfahrer interessant sind. Die Bilder und Texte für dieses Buch entstanden auf ausführlichen Touren im Sommer und Herbst 1997.

Die Deutsche Bibliothek - CIP-Einheitsaufnahme

Puttkamer, Eberhard von:
Motorradtouren in den Alpen : 20 Tourenkarten und eine
Übersichtskarte / Eberhard von Puttkamer. - Augsburg : Steiger, 1998
   ISBN 3-89652-121-7

Alle Informationen und Hinweise ohne jede Gewähr und Haftung.

Gedruckt auf chlorfrei gebleichtem Papier.

© 1998 **Steiger Verlag**
Ein Imprintverlag der Weltbild Verlag GmbH, Augsburg
Alle Rechte vorbehalten
Lektorat: Frank Heins
Karten: Ingenieurbüro für Kartographie Heidi Schmalfuß, München
Umschlaggestaltung und Layoutentwurf: Petra Pawletko, Augsburg
Satz, Layout und Reproduktion: Typework Layoutsatz & Grafik GmbH, Augsburg
Druck und Bindung: Appl, Wemding

Einbandvorderseite: Großer St. Bernhard; Einbandrückseite: Passo Pordoi.
S. 1: Passo Duran, eine der schönsten Paßstraßen in den südlichen Dolomiten.
S. 2: Passo di Fedáia. Auf der gut ausgebauten Strecke zum Lago di Fedáia begleitet uns das beeindruckende Massiv der Marmolada.
Alle Abbildungen stammen von Eberhard von Puttkamer.

Printed in Germany

ISBN: 3-89652-121-7

INHALT

VORWORT

Motorradfahren in den Alpen, das heißt: dynamische Fortbewegung auf zwei Rädern, durch Kurven schwingen über Pässe und Berge, Heuduft schnuppern und sich vom Wind streicheln lassen, an schönen Plätzen rasten, Sehenswertes anschauen, der Weg ist das Ziel!

Mit dem Steiger-Roadbook-Führer „Motorradtouren in den Alpen" werden die 20 interessantesten Touren zu Bergen und Pässen in Frankreich, der Schweiz sowie in Italien, Österreich und Deutschland vorgestellt.

Jede Routenbeschreibung wird von einer Kartenskizze und einem ausführlichen Roadbook begleitet, das auch als Leporello diesem Buch beiliegt. Sie erhalten genaue Anweisungen zur Fahrtroute und wissen dadurch an allen entscheidenden Punkten, ob Sie rechts, links oder geradeaus fahren müssen. Außerdem werden Sie auf Sehenswürdigkeiten, Aussichtspunkte, Übernachtungs- und Einkehrmöglichkeiten, Paßöffnungszeiten sowie Besonderheiten der Strecke hingewiesen. Alle Informationen im Roadbook finden Sie auf den ersten Blick. Sie brauchen also nicht lange im Text oder auf der Landkarte zu suchen, sondern können ungehindert die Fahrt genießen!

Natürlich stellen die vorgestellten 20 Touren durch die Alpen inklusive zweier besonders schöner Anfahrtswege nur eine kleine Auswahl an unendlich vielen Möglichkeiten dar. Ohne weiteres lassen sich die spektakulären Paßfahrten – auf die besonderer Wert gelegt wurde – zum Beispiel mit Abstechern in die Großstädte der Alpen verbinden. Mit Umwegen läßt sich so statt der vorgeschlagenen Übernachtungsmöglichkeiten in kleineren Orten an der Strecke das kulturelle Angebot und die Hotel-Vielfalt der größeren Orte nutzen. Ebenso sollten Sie die Einteilung in Tagestouren als Vorschlag begreifen: Wer alle genannten und ungenannten Varianten fährt, ist sicher länger unterwegs.

Es wäre schön, wenn Sie, angeregt durch dieses Buch, Lust bekämen, weitere interessante Touren und Varianten auf eigene Faust zu planen und zu verwirklichen. Für diesen Zweck sind die leeren Formblätter im Leporello gedacht, die Sie für Ihr Roadbook verwenden können.

Ich wünsche Ihnen bei der „Erfahrung" der Alpen viele unvergeßliche Eindrücke, grenzenlosen Spaß beim Motorradfahren und natürlich „Safe Journey"!

DAS ROADBOOK

Das Roadbook dient der schnellen Orientierung an den entscheidenden Punkten der Tour, an Kreuzungen und in Orten. Das Roadbook können Sie z.B. in einer Klarsichthülle auf dem Tank oder in speziellen Roadbook-Haltern transportieren, die Sie in vielen Fachgeschäften für Motorradzubehör erhalten. Zu diesem Zweck liegt dem Buch das Roadbook auch in Form eines Leporellos bei.
Ein kurzer Blick während der Fahrt auf Ihr Roadbook genügt Ihnen, um die richtige Abzweigung zu erkennen oder um festzustellen, ob der nächste Ort eine Besichtigung wert ist.

Im „Kopf" des Roadbooks finden Sie allgemeine Informationen: die Nummer der Tour, die angefahrenen Regionen, vor allem aber das geeignete Kartenmaterial.

Das Roadbook selbst gliedert sich in fünf Spalten:
Die Spalte **Nr./km** numeriert die Positionen, d.h. alle aufgeführten Kreuzungen, und zeigt Ihnen die Entfernung zwischen dieser und der vorherigen Roadbook-Position .
Die Spalte **Road** nennt die Straße, auf der Sie sich zur Zeit befinden.
Die Spalte **Position** nennt den Ort, an dem Sie sich befinden.
Die Spalte **Richtung** zeigt Ihnen, in welche Richtung Sie an dieser Position fahren müssen.

Die Spalte **Information** gibt Ihnen zusätzliche Hinweise zu der Position, an der Sie sich befinden, z.B. Übernachtungsmöglichkeiten, Sehenswürdigkeiten oder Varianten, die sich abseits der Hauptroute anbieten.

Um den Überblick zu erleichtern, wurden folgende Abkürzungen und Piktogramme verwendet:

<20 km> = Streckenlänge hin und zurück

IV – X = April bis Oktober, entsprechend wurden die anderen Monate abgekürzt

= hier bin ich

= in diese Richtung geht es weiter

= Panoramablick

= reizvoller Blick

= Variante zur Hauptroute

= Abstecher

= Straßennummer

= Bikerfreundlich, Bikertreff

= Günstig übernachten

= Sehenswert

9

Durch den Schwarzwald in die Schweiz – von Baden-Baden nach Basel

 Ausgangsort
Baden-Baden

 Zielort
Basel

 Gesamttourenlänge
270 km

 Zeitbedarf
1 Tag

 Anschluß
Von hier Einstieg in die Touren 13, 14, 15, 16, 17 und 18 über N2 Basel, Luzern, Göschenen, Andermatt

 Pässe geschlossen
Schauinsland IV–X Sa, So und Feiertage

 Sehenswertes
Furtwangen: Deutsches Uhrenmuseum; Mulhouse: Musee National de l'Automobile

Die Anfahrt zum Ausgangspunkt unserer Pässetouren nach Frankreich und in die Schweiz wollen wir nicht auf der Autobahn herunterspulen, denn die Strecke Karlsruhe – Basel ist sehr verkehrsreich und außerdem sehr unangenehm zu fahren; statt dessen nutzen wir sie zu einer Tour durch die wunderschöne und abwechslungsreiche Landschaft des Schwarzwalds.

Wir starten in Baden-Baden, dem berühmten Kurort, in dem sich Prominenz und gekrönte Häupter trafen und treffen. Seinen legendären Ruf hat dieser Badeort seinem besonderen Klima, seiner reizvollen Lage, den Thermalquellen und nicht zuletzt der Spielbank zu verdanken.

Vor die Wahl gestellt, in Richtung Süden entweder die Schwarzwaldhochstraße oder die Tälerstraße zu nehmen, entscheiden wir uns natürlich für erstere, da wir von Anfang an möglichst viele Bergstraßen fahren wollen. Landschaftlich interessant sind beide Varianten.

Wir durchqueren Hochmoore, passieren den Mummelsee, um dessen Geschichte sich viele Sagen gebildet haben, und verlassen in Kniebis die 500, um nach Klösterle zu gelangen; dann nehmen wir die 294 Richtung Wolfach. In Oberwolfach im Gasthof Linde und in der benachbarten Pension Grünach sind Biker besonders willkommen. Wirt Klaus ist nicht nur Koch, sondern auch begeisterter Motorradfahrer. Er hilft seinen Gästen auch bei der Planung möglichst interessanter Touren. Da wir aber bereits wissen, wohin wir wollen, steigen wir nach einer kurzen Kaffepause wieder auf die Maschinen und starten in Richtung Haslach. Von dort geht's über Waldkirch, dessen Elztalmuseum mit einer berühmten Orgelabteilung aufwarten kann, zum Kandel. Hier hat man eine herrliche Aussicht über Schwarzwald und Rheintal bis zu den Vogesen.

St. Märgen ist die nächste Station, bekannt durch die Schwarzwälder Uhr, die hier ihre Heimat hat und deren Geschichte im kleinen Uhrenmuseum neben der barocken Klosteranlage demonstriert wird. 7 km weiter stoßen wir wieder auf die 500 und biegen rechts ab nach Hinterzarten und Titisee. Für Interessierte lohnt sich der Abstecher in die andere Richtung nach Furtwangen, wo im Deutschen Uhrenmuseum die größte Sammlung von Schwarzwalduhren gezeigt wird.

ROADBOOK: Motorradtouren in den Alpen

Tour EW — Region: Schwarzwald / Etappe: Baden-Baden – Basel — Karten: Generalkarten Bundesrepublik Deutschland 21 + 24

Nr. km	Road	Position	Richtung	Information
1	A35 500	Baden-Baden	500 Schwarzwald-Hochstraße	
2 26	500	Schwarzwald-Hoch-straße, Mummelsee		Berghotel Mummelsee, Seebach, Tel. 0 78 42/10 88
3 20	500	Kniebis	Klösterle	Hotel Klosterhof, Kniebis, Tel. 0 74 42/21 15
4 8,5		Klösterle	Wolfach	
5 20,5		Wolfach	294	Gasthof zur Linde, Oberwolfach, Tel. 0 78 43/3 86
6 12	33 294	Haslach	294	
7 15	294	Elzach		
8 13,5	294	Waldkirch	St. Peter St. Märgen	Nach 12,5 km: Kandel, 1241 m
9		St. Märgen		
10 36,5	500	Kreuzung 500	Hinterzarten Titisee	Deutsches Uhrenmuseum Furtwangen geöffnet 10 – 17 Uhr / Biker: Gasthof zum Hirschen, Furtwangen-Neukirch, Tel. 077 23/74 12
11 9	500 31	Kreuzung Hinterzarten	500 Titisee	Nach 3 km rechts über Bühlhof, Titisee, Bruderhalde nach Feldberg-Bärental zur Feldbergstraße
12 5	31 317	Titisee	500 Feldberg	
13 9	317	Feldberg-Bärental	317 Feldberg Todtnau	
14 17	317	Todtnau	Lörrach Basel	Schauinsland, (IV – X Sa., So., Feiertage), Freiburg, <63 km>
15 7	317	Schönau	Nach 1,5 km Badenweiler	
16 28		Badenweiler	Müllheim	
17 4	3	Müllheim	A	Musee National de l'Automobile, Mulhouse, France (500 Autos von 1878 bis heute), <40 km>
18 36	3	Basel		Von hier über N2 Basel, Luzern, Göschenen, Andermatt, Einstieg in die Touren 13 14 15 16 17

Strecke und auch noch weiter bis Todtnau gehört zu den schönsten, allerdings auch am meisten befahrenen Schwarzwaldstraßen. Von der Feldbergstraße genießen wir den Blick zurück auf Bärental und Titisee. Vor uns steht der Feldberg, mit 1493 m der höchste Berg der deutschen Mittelgebirge.

Wer die als Auto-und Motorradrennstrecke berühmt gewordene Schauinslandstraße ausprobieren möchte, muß in Todtnau nach rechts in Richtung Freiburg abbiegen und kann dann die 170 Kurven und Kehren durch schönen Bergwald genießen; allerdings ist dies von April bis Oktober nur an Werktagen möglich.

Wir verlassen in Schönau die 317 und folgen der „Gelbgrünen" bis Badenweiler im Markgräflerland. Dank des extrem milden Klimas im Dreiländereck gedeihen hier subtropische Pflanzen. Zurecht wird diese Gegend auch die Toskana Deutschlands genannt.

Da wir riesigen Hunger verspüren und etwas regional Typisches essen wollen, bestellen wir uns bei der Mittagsrast ein „Schäufele", eine gepökelte Schweineschulter. Es schmeckt hervorragend, allerdings ist danach ein kurzes Verdauungsschläfchen in einer Waldwiese notwendig. Gut ausgeruht sind die wenigen Kilometer bis Müllheim schnell zurückgelegt. Für Autofreaks lohnt sich der Abstecher zum Automuseum nach Mulhouse.

Die 3 führt uns anschließend nach Basel. Hier sind wir am Ende unserer Schwarzwaldtour angelangt und bereit zu neuen Fahrten in die Schweizer Alpen.

Wir aber fahren auf einer bewaldeten Hangstraße vorbei am etwas unterhalb gelegenen Titisee in Richtung Feldberg-Bärental. Diese

Das Roadbook dient der schnellen Orientierung an Kreuzungen. So bleibt Zeit zum genußvollen Fahren und Schauen.

DURCH DEN BAYERISCHEN WALD INS MÜHLVIERTEL – VON REGENSBURG NACH STEYR

 Ausgangsort
Regensburg

 Zielort
Steyr

 Gesamttourenlänge
360 km

 Zeitbedarf
1–2 Tage

 Anschluß
Tour 4 in Steyr

 Pässe geschlossen
Keine Beschränkung, außer bei extremer Witterung

 Sehenswertes
Regensburg: got. Dom, Steinerne Brücke, Rathaus 14. Jh., Geschlechtertürme; Lam: 1. Glashütte 1320; Brennes: Großer Arber 1456 m, Nationalpark Bayer. Wald; Bodenmais: Siberberg Erzbergwerk; Frauenau: Glasmuseum; Haslach: hist. Webermarkt, Webereimuseum, spötgot. Kirche; Freistadt: mittelalterliche Stadt mit Befestigungsanlagen; Steyr: Eisenstadt mit altem Stadtkern, am Stadtplatz Bummerlhaus 1497

Unsere östliche Einstiegstour ins Gebiet der Österreichischen Alpen beginnt in Regensburg, der Hauptstadt der Oberpfalz, und führt durch den Bayerischen Wald zum Mühlviertel. Wer nicht unter Zeitdruck steht, sollte unbedingt einen Rundgang durch diese schöne alte Bischofsstadt machen und ihr südliches Flair auf sich wirken lassen.

Wir starten in Regensburg und fahren über Regenstauf nach Nittenau durch das malerische Regental – immer am Fluß entlang durch die weitgehend ursprünglich gebliebene Landschaft mit ihren endlos scheinenden Fichten-, Föhren- und Buchenwäldern.

Weiter geht's nach Roding und von dort auf der 85 durch das Chamer Becken mit zahlreichen Seen nach Cham, das schon früher ein wichtiger Handelsplatz war und auch heute noch eines der wirtschaftlichen Zentren dieser Region ist.

Allmählich kommen wir ins Bergland des Bayerischen Waldes, was für uns Motorradfahrer natürlich Abwechslung und viele Kurven verspricht. Bei Miltach verlassen wir die 85 und fahren über Kötzting nach Lam. Dieser Ort liegt malerisch im Lamer Winkl oberhalb des Weißen Regen. Hier gab es bereits 1320 die erste Glashütte; heute ist es vor allem als Luftkurort bekannt. In der Nähe von Lam, dicht an der tschechischen Grenze, befindet sich der Osser; von seinem Gipfel hat man bei klarem Wetter eine phantastische Rundsicht.

Wir bleiben noch 15 km auf dieser Straße bis zum Brennes und biegen dann rechts ab, um auf der „Gelbgrünen" nach Bodenmais zu gelangen. Dabei können wir auf der rechten Seite den Großen Arber und den großen

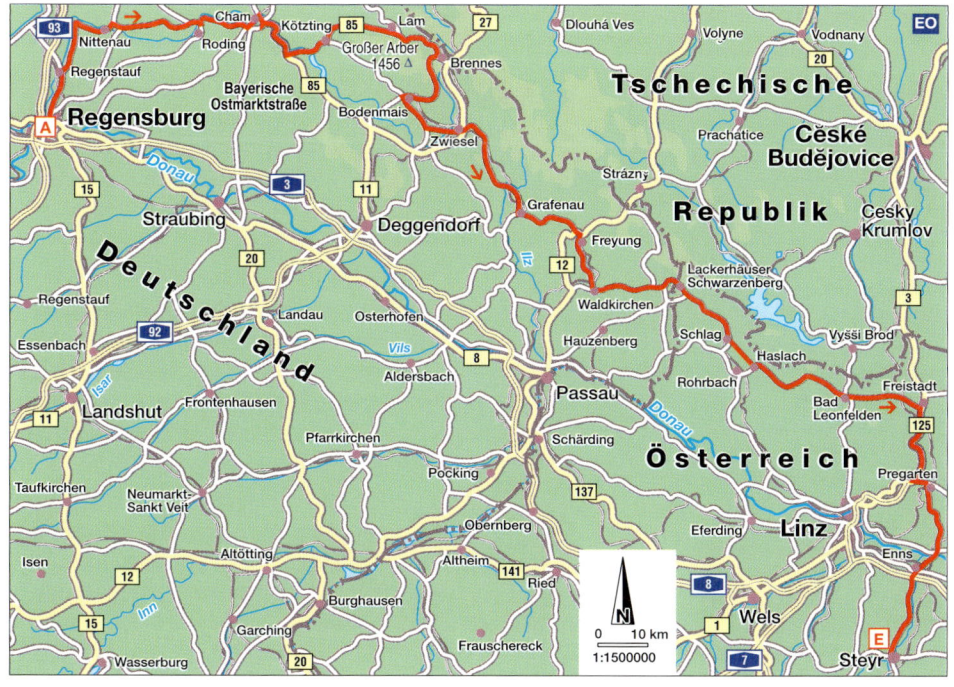

Arbersee sehen, beide attraktive Ausflugsziele für Touristen. Der Große Arber ist mit 1456 m der höchste Berg des Bayerischen Waldes, und von seinem Gipfel (Sessellift, dann 15 Minuten zu Fuß) kann man die herrliche Aussicht genießen. Der Arbersee verlockt nur Abgehärtete zum Schwimmen, denn er bleibt den ganzen Sommer über sehr kühl.

Nur 9 km sind es vom Arbersee bis Bodenmais, einem beliebten Ferienort und zugleich Zentrum der Glasveredelungskunst. 2 km östlich liegt in Silberberg das Erzbergwerk, in dem seit über 500 Jahren Silber, Kupfer und Eisen abgebaut werden. Danach halten wir uns zunächst in Richtung Regen; in Langdorf biegen wir links ab nach Zwiesel. Auch diese Stadt ist als Luftkurort und als Zentrum

der Glasbläserkunst bekannt. Im Waldmuseum wird die Arbeit der Glasbläser demonstriert.

Von Zwiesel aus erreichen wir schnell Frauenau. Dort sollten wir unbedingt eine Pause einlegen, um das Glasmuseum zu besuchen. Von der Antike bis in die Gegenwart wird die Geschichte des Glases aufgezeigt. Gleich daneben in der Galerie am Museum werden Kunstobjekte aus Glas ausgestellt. Auch ein Besuch der Glashütte Eisch (Erwin Eisch ist ein international anerkannter Glaskünstler) ist ein Erlebnis! Ein teures Glasobjekt im Motorradkoffer mitzunehmen, wäre allerdings riskant.

Weiter geht's am Rand des Nationalparks Bayerischer Wald auf schönen Waldstrecken

15

ROADBOOK: Motorradtouren in den Alpen

Tour EO	Region: Bayerischer Wald – Mühlviertel Etappe: Regensburg – Steyr			Karten: Generalkarten, Deutschland 20, Österreich 3
Nr. / km	**Road**	**Position**	**Richtung**	**Information**
1	A3 15	Regensburg	⬆ 15 Schwandorf	Gotischer Dom, Steinerne Brücke, Rathaus 14. Jh., Geschlechtertürme
2 15	15	Regenstauf	Nittenau	
3 21		Nittenau	⬆	
4	85	Roding	⬆ 85 Cham	
5 37	85	Cham	85 Kötzting Deggendorf	
6 13	85	Kreuzung vor Kötzting	Kötzting	
7 23		Lam	⬆ Zwiesel	Glashütte von 1320
8 15,5		Brennes	Bodenmais	rechts: Großer Arber, 1456 m Nationalpark Bayerischer Wald
9 13		Bodenmais	Regen	Silberberg: Erzbergwerk offen VI – IX
10 14		Zwiesel	Frauenau ⬆	Frauenau: Glasmuseum offen 15.5. – 31.10., 9 – 17 Uhr
11 22		Grafenau	Freyung	
12 15		Freyung	Waldkirchen	Gasthof zur Post, Stadtplatz 2, Freyung, Tel. 0 85 51/40 25
13 13		Waldkirchen	Jandelsbrunn Schwarzenberg	Gasthof Lampersdorfer, Marktplatz 19, Waldkirchen, Tel. 0 85 81/10 00
14 18		Lackerhäuser Schwarzenberg	⬆	
15 28	38	Haslach	38 Freistadt	hist. Webermarkt, Weberei-museum, spätgot. Kirche Gasthof Diendorfer, Neudorf 6, bei Haslach, Tel. 0 72 89/7 19 29
16 47	38 125	Freistadt	125 Linz	mittelalterliche Stadt mit Befestigungsanlagen Gasthof „Zur goldenen Sense", Eisengasse 16, Freistadt, Tel. 0 79 42/22 97
17 15	125 123	Kreuzung	123 Enns	
18 26	123 115	Enns	⬆ 115 Steyr	
19 20	115	Steyr		Eisenstadt mit altem Stadtkern, am Stadtplatz: Bummerlhaus 1497

nach Grafenau. Hier verlassen wir die „Gelbgrüne" und nehmen die Abbiegung nach Freyung, das, wie die Orte vorher, ebenfalls an der Glasstraße liegt. Dort treffen wir auf die 12 und fahren rechts nach Waldkirchen. Das Fremdenverkehrsamt gibt Motorradtourenvorschläge durch das bayerische, böhmische und österreichische Grenzgebiet heraus. Hierfür besteht sicher eine große Nachfrage, denn dieses Gebiet mit seinem Wechsel von Tälern, Bergen, riesigen Waldgebieten, Wiesen und Seen, Dörfern und Städten eignet sich hervorragend für Bikertouren. Bisher wurden hauptsächlich die Interessen von Wanderern und Radfahrern berücksichtigt.

Wir biegen links ab nach Jandelsbrunn, überqueren die Grenze nach Österreich bei Schwarzenberg und fahren dann eine herrliche Strecke entlang des Böhmerwaldes nach Haslach. Nun befinden wir uns bereits im Mühlviertel, der lieblichen Hügellandschaft zwischen der Donau im Süden und dem Böhmerwald im Norden. Nach ca. 50 km erreichen wir Freistadt, den Hauptort des unteren Mühlviertels.

Nun müssen wir unsere Fahrtrichtung um 90° ändern und biegen rechts in die 125 nach Linz. Nach 15 km gabelt sich die Straße; wir nehmen die 123 nach Enns, nicht weit entfernt von der Einmündung der Enns in die Donau.

Wir fahren parallel zum Fluß nach Steyr und sind damit am Ziel und zugleich am Ausgangspunkt für neue Touren in die Österreichischen Alpen angelangt.

Auf der Roßfeld-Ringstraße, einer der reizvollsten Strecken in den Bayerischen Ostalpen (Tour 1).

BERCHTESGADENER LAND, SALZKAMMERGUT UND DACHSTEIN – VON SIEGSDORF NACH MAUTERNDORF

 Ausgangsort
Siegsdorf

 Zielort
Mauterndorf

 Gesamttourenlänge
340 km

 Zeitbedarf
1 Tag

 Anschluß
Tour 5 über 308 nach Gröbming, Tour 5 über Turracher Höhe

 Pässe geschlossen
Keine Beschränkung, außer bei extremer Witterung

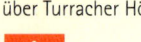 **Sehenswertes**
Königssee: Watzmann-Ostwand; Obersalzberg: Kehlsteinhaus; Hallein: malerische Altstadt, Keltenmuseum; Salzburg: Altstadt, Dom, Festung, Salzburgring; Hallstatt: (Hallstattzeit 8.–4. Jh. v. Chr.), gotische Pfarrkirche, prähistorisches Museum; Mauterndorf: reizvoller Ort, Burgkapelle mit Fresken

 Kurzbeschreibung
Die Tour beginnt mit dem interessantesten Teil der deutschen Alpenstraße im Berchtesgadener Land; Königsee, Obersalzberg und Roßfeldring-straße eingeschlossen.
Unser weiterer Weg hat viel mit Salz zu tun: Hallein (von „hall", das alte Wort für Salz) der frühere Salinenort mit schöner Altstadt und dem nahen Salzbergwerk in Bad Dürrnberg macht den Anfang. Mit Salzburg, Salzburgring, Salzkammergut geht's weiter nach Hallstatt am Hallstätter See. Über Gosau führt die Route von der schroffen Nordseite des Hohen Dachstein zur „zahmeren" Südseite des riesigen Dachsteinmassivs bei Filzmoos und Ramsau.

Zu unserer Tour in die Bayerischen Ostalpen starten wir in München schon am frühen Morgen, weil wir die verkehrsärmere Zeit nutzen wollen, um auf der Autobahn schnell zu unserem Einstieg in Siegsdorf zu kommen. Wir werden belohnt, nicht nur durch den wenigen Verkehr, sondern auch die besondere Morgenstimmung. Wir fahren der aufgehenden Sonne entgegen; am Irschenberg tauchen die Berge, nur in ihren Umrissen erkennbar, aus dem Dunst des nahen Inntales.

Wenige Kilometer nach Inzell hat die Eiszeit erkennbare Spuren hinterlassen; der Fels im Gletschergarten ist rund und konturlos wie die heutigen Automobile. Hier beginnt der wohl schönste Teil der Deutschen Alpenstraße. Schluchtartige Einschnitte begleiten die in motorradfreundlichen Kurven verlaufende Straße. Am Mauthäusl, inzwischen zum Hotel-Gasthof avanciert, lockt uns die Sonnenterrasse an der Weißbachschlucht zu einer kurzen Rast.

Das Wachterl (Schwarzbachwachtsattel, 868 m), früher von Radfahrern wegen der langen Steigungsstrecke gefürchtet, ist mit dem heutigen Gerät kein Problem; im Wirtshaus am Wachterl läßt sich's trotzdem gut rasten!

Der Weg zur Ramsau führt am Taubensee vorbei und schwingt in schönen Kurven durch einen mit Laubbäumen bestandenen Wiesenhang in das sich öffnende Tal. Vor der Abzweigung zum Königssee schlängeln sich Straße und Ramsauer Ache durch eine reizvolle Schlucht.

Die eindrucksvolle Kulisse der Radstätter und Schladminger Tauern begleitet uns zur Tauern-paßhöhe und zum motorradfreundlichen Hotel Solaria.

Die Fahrt zum Königssee endet an einem riesigen Parkplatz. Wer in die großartige Szenerie des von Watzmann, Steinernem Meer und Hagengebirge umschlossenen Sees eintauchen will, muß eine Bootsfahrt unternehmen. Dafür braucht man Zeit und Geduld. Der Weg zum See und die Bootsanlegestelle führt durch eine „Kaufmeile" und wird während der Hauptreisezeit von vielen Touristen begangen.

Von Berchtesgaden führt eine kurvenreiche, kleine Straße zum Obersalzberg und zur Roßfeldringstraße. Wer den „Adlerhorst" des Hitlerregimes anschauen möchte, muß hier den Bus zum Kehlsteinhaus besteigen, um die 6 km lange, von Zwangsarbeitern 1937–1939 in den Fels gesprengte Straße zurückzulegen.

Wir wählen den mautpflichtigen Rundkurs um die Roßfeldkuppe – mit 5 Mark ist man dabei – und genießen von hier den herrlichen Ausblick ins Salzachtal bis nach Salzburg und hinüber zum Hohen Göll und Kehlstein.

Kurz vor Oberau nehmen wir den kürzesten Weg über Bad Dürrnberg ins Salzachtal und nach Hallein. Die frühere Salinenstadt besticht durch ihren alten Kern, die vielen kleinen Gäßchen und schöne alte Häuser. In einem der Straßencafés erholen wir uns von der stressigen Ortsdurchfahrt; denn die verkehrsreiche 159 führt von Salzburg mitten durch Hallein und sorgt für zähen Verkehr vor der Salzachbrücke. Nach deren Überquerung folgen wir dem Wegweiser zur A10, biegen aber vorher nach St. Gilgen und das Hintere Wiestal ab.

ROADBOOK: Motorradtouren in den Alpen

Tour 1	Region: Bayer. Ostalpen, Salzburger Land, Steiermark, Etappe: Siegsdorf – Mauterndorf			Karten: Generalkarte Österreich 2, Salzburg, Steiermark, Kärnten
Nr. km	**Road**	**Position**	**Richtung**	**Information**
1	A 8 306	Siegsdorf	306 Inzell Berchtesgaden	
2	306 305	Inzell	305	Nach 2 km Gletschergarten; Gasthof-Hotel Mauthäusl, Tel. 0 86 65/98 60-0
3 / 22	305	Kreuzung vor Unterjettenberg	305 Berchtesgaden	nach 7 km Schwarzbachwachtsattel, 868 m
4 / 24	305	Schönau am Königssee	Königssee	
5 / 10	20	Königssee	20 Berchtesgaden	
6 / 5	305	Berchtesgaden	Ober-salzberg 319 / Salzburg 305 Roßfeld	
7 / 3	319	Obersalzberg	Roßfeld-Ringstraße A	Obersalzberg; Kehlstein für Kfz gesperrt; Busverkehr
8		Roßfeld-Ringstraße	1 km vor Oberau Bad Dürrnberg Neuhäusl, Hallein	
9 / 25	159	Hallein	Zentrum Hallein Richt. Autobahn / St. Gilgen, Hinteres Wiestal	Malerische Altstadt mit vielen kleinen Gassen, Keltenmuseum; Stadtbesichtigung Salzburg <22 km>
10 / 32	158	Kreuzung 158	158 St. Gilgen	Nach ca. 2 km Abzweigung Salzburgring; Nach 7 km Fuschlsee
11 / 20	158	St. Gilgen	Bad Ischl	St. Wolfgang, got. Kirche, Schafberg; Über Mondsee-Scharfling, Attersee-Unterach, Steinbach, Ebenzweier, Traunsee nach Bad Ischl – 73 km
12 / 24	158	Bad Ischl	145 Bad Aussee	
13 / 10	145	Bad Goisern	145 Hallstatt Obertraun	
14 / 12		Hallstatt		Hallstätter See; Reizvoller Ort, gotische Pfarrkirche, Museen, Salzberg
15 / 4,5	166	Gosauzwang		
16 / 10	166	Gosau	A 145 Golling	Vorderer Gosausee, 933 m, <14 km>; Hinterer Gosausee, 1154 m, nur zu Fuß <3,5 Std.>; Hier beginnt der Paß Gschütt
17 / 14,5	166	Lindenthal	166 Radstadt	
18 / 22	166 99	Niedernfritz	99 Radstadt	
19 / 4	99	Eben im Pongau	Filzmoos Ramsau	
20 / 12		Filzmoos	A	Dachsteingruppe; Hofalm, 1268

Wenn man es zeitlich einplanen kann, sollte man die Nähe zu Salzburg (11 km) für einen Abstecher nutzen – es gibt Vieles anzuschauen in einer der schönsten Städte Europas!

Kurz nach Erreichen der 158 zum Salzkammergut folgen wir dem Schild „Salzburgring". Heute hat ein Motorradhändler aus Rosenheim den Course für seine Kunden gemietet. In einer Pause erhalten wir, gegen Entrichtung einer Gebühr versteht sich, die Erlaubnis, ein paar Runden mitzufahren.

Von hier sind es nur wenige Kilometer zum Fuschlsee und zum Einstieg in das seenreiche, von mittelhohen Bergen gesäumte Salzkammergut. St. Gilgen ist ein guter Startpunkt für die Variante, einer Seen-Rundfahrt zu Mondsee, Attersee und Traunsee.

In St. Wolfgang am Wolfgangsee steht nicht nur das durch die Operette bekannte „Weiße Rößl", sondern auch eine sehenswerte spätgotische Wallfahrtskirche mit dem berühmten Flügelaltar von Michael Pacher. Eine weitere Attraktion ist der 1783 m hohe Schafberg, der von St. Wolfgang mit einer urigen Zahnradbahn erreicht werden kann. Durch seine Lage zwischen Wolfgang-, Mond- und Attersee hat man vom Schafberg einen der schönsten Rundblicke in den Ostalpen.

Der Hallstätter See wirkt geheimnisvoller als die anderen: Er liegt am Fuß des eindrucksvollen Dachsteinmassivs und ist an seinem südlichen Ende fjordähnlich von steilen, bewaldeten Felswänden eingeschnürt. Geheimnisse bargen auch die frühgeschichtlichen Gräber am Hallstätter Salzberg. Die hier

Im Süden zeigt sich die „Dachsteinfamilie" von der besten Seite: Hier reichen grüne Matten und blühende Bergwiesen bis zu den schroffen Felswänden.

Nr. km	Road	Position	Richtung	Information
21 / 11,5		Ramsau	A ↑	A Türwandhütte, 1702 m <10 km>, Maut Bahn Hunerkogel, 2865 m Bauernhof-Pension Royer-P., Ramsau, Tel. 0 36 87/8 15 07
22 / 11	146	Schladming	→ 146	
23 / 18	146	Radstadt	99 ←	
24 / 22	99	Obertauern	↑	Tauernpaßhöhe, 1739 m Hotel Solaria Obertauern, Tel. 0 64 56/72 50
25 / 17	99	Mauterndorf		Reizvoller Ort mit alten Häusern, Burg, Burgkapelle mit Fresken

Von Gosauzwang folgen wir dem schmalen Gosautal und finden einen idyllischen Rastplatz am Bachbett, das hier, vollgefüllt mit riesigen Findlingen, eine interessante Flußlandschaft bildet. In Gosau lohnt sich der Abstecher zum vorderen Gosausee mit Blick auf Dachstein und Gosau-Gletscher. Etwas mehr Zeit (hin und zurück 3 1/2 Stunden) braucht man, um den hinteren Gosausee, spektakulär in einem Talkessel gelegen, zu erwandern. Von Gosau beginnen wir die Umrundung des riesigen Dachsteinmassivs . Nach gut 50 Kilometern haben wir bei Filzmoos die gesamte „Dachsteinfamilie", bestens ausgeleuchtet von dem milden Licht des Spätnachmittags, vor uns.

gefundenen Totengaben aus Bronze und Eisen bezeichneten diesen geschichtlichen Abschnitt: „Hallstattzeit". Interessante Hintergründe erfährt man im Prähistorischen Museum in Hallstatt.

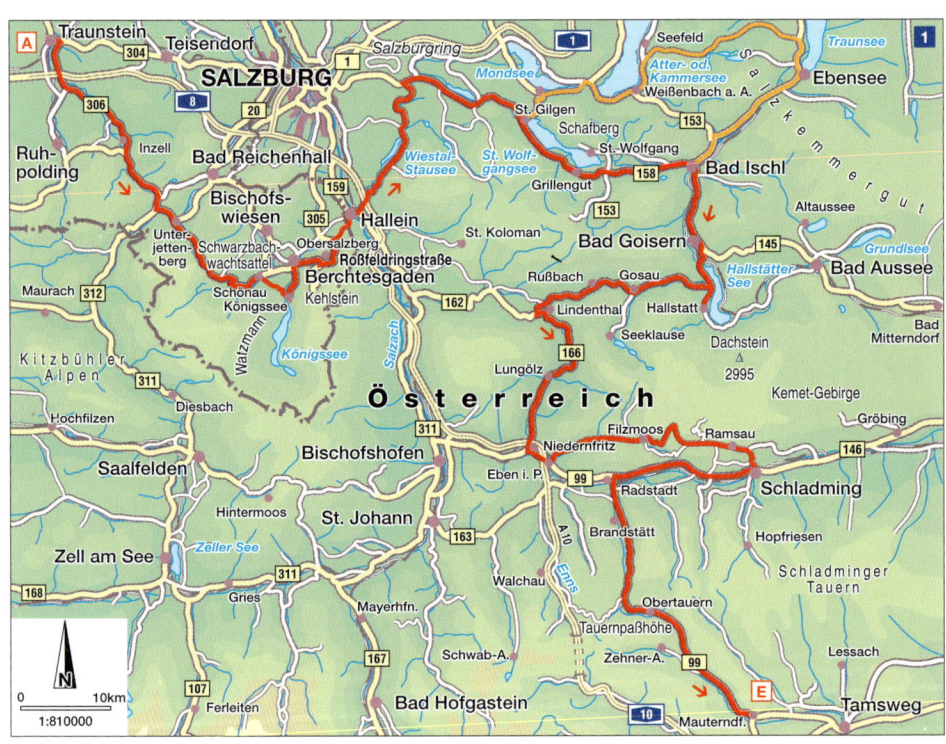

Der Rundkurs um die Roßfeldkuppe, vorbei am Hohen Göll und dem Kehlstein, bietet herrliche Ausblicke ins Salzachtal und bis nach Salzburg.

Auf der terrassenartigen, nur wenige Kilometer breiten Hochfläche zwischen Dachstein und Ennstal führt uns das kleine Teersträßchen durch grüne Matten und blühende Wiesen nach Ramsau und Schladming.

Für die breit ausgebaute Ennstalstraße nach Radstadt besteht für Biker keine interessante Alternative. Ähnlich breit und gerade verläuft die 99 nach Obertauern und zur Tauernpaßhöhe; wir haben also Gelegenheit, die sich hier vor uns auftürmenden Radstätter Tauern ausgiebig zu betrachten.

Mauterndorf ist zwar auch ein bedeutender Wintersportplatz und Sommererholungsort, aber, anders als die Retortenorte auf der Paßhöhe, eine gewachsene Ortschaft mit schönen alten Häusern und einem gemütlichen Marktplatz, wo sich's in den Straßencafés gut rasten läßt. Markantes Wahrzeichen ist die auf den Grundmauern eines Römerkastells erbaute Burg. Sehenswert ist hier die Burgkapelle mit gotischen Fresken und einem Flügelaltar.

WEITERFÜHRENDE INFORMATIONEN

 Günstige Übernachtung

Hotel Gasthof Mauthäusl
Weißbach an der Alpenstraße,
Tel. 0 86 65/98 60 - 0

Bauernhof-Pension
Royer-Pois
Ramsau am Dachstein
Tel. 0 36 87/8 15 07

Hotel Solaria
Obertauern – Tauernpaßhöhe
Tel. 0 64 56/72 50

 Wetter

5-Tage-Vorhersage Tourenfahrer-Wetterservice
Tel. 01 90/27 03 95
Code für Wien: 136
Kosten: DM 1.20 pro Minute

 Auskunft

Österreich Information
Postfach 1231
D-82019 Taufkirchen
Tel. 0 89/66 67 01 00, Fax 0 89/66 67 02 00
(Mo – Fr 9 – 17 Uhr)

DURCH TIROL ZUM GROSSGLOCKNER – VON OBERAU NACH LIENZ

 Ausgangsort
Oberau

 Zielort
Lienz

 Gesamttourenlänge
300 km

 Zeitbedarf
1–2 Tage

 Anschluß
München A 95 bis Ausfahrt Murnau/Kochel,
Tour 6 in Lienz, Tour 5 in Lienz

 Pässe geschlossen
Kesselbergstraße Kochel–Walchensee Sa,
So und Feiertage; Großglockner Hochalpenstraße
XI–IV und 22–5 Uhr; Edelweißspitze XI–V und
22–5 Uhr (je nach Schneelage); Kaiser-Franz-
Josefs-Höhe XI–V und 22–5 Uhr (je nach Schnee-
lage)

Sehenswertes
Bauernhof-Freilichtmuseum Glentleiten,
(9–18 Uhr, Mo geschlossen außer VII); Kloster
und Klosterkirche Benediktbeuren (Kloster tägl. ab
14.30 Uhr geöffnet); Museum Alpine Naturschau
bei km 26 der Glocknerstraße

 Kurzbeschreibung
Die Tour berührt zunächst die Bayerischen Westalpen bei Garmisch und führt über den
„Kurvenklassiker" Kesselbergstraße und den Sylven-
steinspeicher zum Achensee. Auf der Tal- oder der
Höhenstraße im Zillertal erreichen wir bei Mayr-
hofen den Ausgangspunkt für die Erkundung von
Tuxertal und Zemmgrund. Über Gerlospaß, den
Pinzgau und Zell am See fahren wir dem Höhe-
und höchsten Punkt dieser Tour, dem Großglockner,
entgegen.

Wir starten am frühen Morgen in München
bei leicht bewölktem Himmel und einer vor-
hergesagten Regenwahrscheinlichkeit von
40 %!

Wir sind fast alleine auf der Autobahn nach
Garmisch und können die liebliche Landschaft
des Werdenfelser Landes und die bald auf-
tauchenden Berge des Wettersteingebirges in
Ruhe auf uns wirken lassen. Bei Murnau nehmen wir den kürzesten Weg zum ersten
„Leckerbissen", der zwischen Kochelsee und
Walchensee gelegenen Kesselbergstraße,
denn für die Glentleiten, eines der größten
und am schönsten gelegenen Freilichtmu-
seen, ist es noch zu früh.

Dieser „Kurvenklassiker" bietet auf der 9 km
langen Strecke viele abwechslungsreiche Kurven, die meist nicht dem Muster heutiger
„Straßenbaukunst" entsprechen. Beim ersten
Mal sollte man es geruhsam angehen lassen!
Wer „Rennatmosphäre" schnuppern möchte,
muß an schönen Sommerabenden hierher
kommen. Die Stellplätze an den Kurven sind
dann voll mit geparkten Motorrädern und
zuschauenden Motorradfahrern. An Wochenenden und Feiertagen ist die Fahrtrichtung
Kochel – Walchensee für Motorradfahrer gesperrt.

Vom Walchensee befahren wir die landschaftlich reizvolle Strecke mit Blick auf das
Karwendel bis Wallgau. Von hier folgt die
mautpflichtige Forststraße am Rand eines riesigen Naturschutzgebietes dem Oberlauf der
Isar nach Vorderriß und zum Sylvenstein-
speichersee. Der Abstecher nach Hinterriß und
auf der Mautstraße ins hintere Rißtal führt in

Wer am Kesselberg „Rennatmosphäre" schnuppern möchte, muß an schönen Sommerabenden hierher kommen.

Tour 2	Region: Bayer. Westalpen, Tirol, Salzburger Land / Etappe: Oberau – Lienz			Karten: Generalkarte Österreich 3 – Vorarlberg, Südtirol, Oberbayern
Nr. / km	**Road**	**Position**	**Richtung**	**Information**
1 / 1	2	Oberau	[2] ←	
2 / 10,5	2	Kreuzung	Ohlstadt	
3 / 10		Großweil	[A]	A Bauernhof-Freilicht-museum Glentleiten
4 / 7	11	Kochel	[A] [11]	A Benediktbeuren Kloster, Klosterkirche, Anastasia-Kapelle
5 /	11	Kesselbergstraße		Kurvenklassiker! Fahrtrichtung Kochel/Walchensee Sa/So gesperrt
6 /	11	Walchensee		Mit der Bahn zum Herzogstand, 1731 m
7 / 24	11	Wallgau	[307] Vorderriß	
8 / 14	307	Vorderriß	[A]	Nach 3 km Sylvensteinsee / A Über Hinterriß zum großen Ahornboden
9 / 18	13 307	„Kaiserwacht", Kreuzung vor Grenze		
10 /	181	Achenseestraße		Achensee, 922 m
11 / 32	181 169	Wiesing	[169] Tunnel	
12 /	169	Ried – Zillertal	[V]	Zillertaler Höhenstraße (XI – V) bis Hippach
13 / 21	169 165	Zell am Ziller	[165] Gerlospaß [A]	A Mayrhofen – Hintertux, 1493 m, <38 km> / Mayrhofen – Zamser Tal, 1684 m, (X – V) <40 km>
14 /	165	Gerlospaß		Krimmler Wasserfälle, 1507 m / V Vor der Mautstelle links zur alten Paßstraße (eng und kurvenreich)
15 / 38	165 168	Mittersill	[108]	Nach 7 km rechts Stubachtal – Enzinger Boden / 108 Über Felbertauern Anschluß zur Tour 6
16 / 24	168 311	Kreuzung vor Zell am See		
17 / 4	311	Bruck a. d. Glocknerstraße	[A] Groß-glockner	A Zeller See, Ostufer
18 /		Großglockner-Hochalpenstraße		22.00 – 5.00 Uhr und XI – IV / Bei km 26: Museum Alpine Naturschau
19 / 28		Fuscher Törl	Edelweiß-Spitze	Nach 1 km: Gasthof Fuscher Lacke, Tel. 0 65 45/67 79 (XI – IV)
20 / 4		Edelweiß-Spitze (XI – V)		2577 m / Berggasthof Edelweißhütte, Tel. 0 65 45/74 25 (XI – IV)

die Mitte des Karwendel und zu den in dieser Höhe einmaligen Ahornbestän-den in einem Hochtal, dem Großen Ahornboden (1216 m, hin und zurück 50 km).

Eingebettet zwischen dem Karwendel im Südwesten und dem Rofan im Osten ist der Achensee mit 9 km Länge der größte und wohl auch der schön-ste der Tiroler Seen. Die sehr gut aus-gebaute Achenseestraße folgt hoch über dem östlichen Ufer in langgezo-genen Kurven der Kontur der Berge und schwingt hinunter zum Inntal, durch einen mit Laubbäumen durch-setzten Wiesenhang.

Von Wiesing im Inntal geht's „schnur-stracks" über Autobahn und Inn zum neuen Tunneleingang des Zillertales (Umgehung von Strass).

Wer sich die verkehrsreiche Talstraße durchs Zillertal ersparen möchte und über die nötige Zeit verfügt , kann ab Ried auf die Zillertaler Höhenstraße ausweichen und von dort bis Hippach fahren. Diese um 35 km längere, kur-venreiche und oft enge Kammstraße bewegt sich meist über der Wald-grenze und erreicht 2040 m, mit gran-dioser Aussicht bis zu den Zillertaler Gletscherbergen.

Von Zell am Ziller geht's hinauf zum Gerlos. Von der alten Straße mit den vielen engen Kurven ist nicht mehr viel übriggeblieben. Wer das vermißt, kann kurz vor der Mautstelle die schmale, kurvenreiche alte Paßstraße wählen. Für diesen kürzeren Weg braucht man keine Maut zu entrich-ten, verzichtet aber auf die Ausblicke und die Nähe zu den Krimmler Wasserfällen; diese erreicht man über die neue Straße ohne Umwege.

Auf dem Weg nach Mittersill wird es deutlich, daß wir uns im Pinzgau befinden. Eine Herde Pinzgauer Kühe (so heißt die Rasse) blockiert auf dem Weg zur Weide die Bundesstraße 165; blühende Frühlingswiesen und die alles beherrschende Venedigergruppe, „angeführt" vom Großvenediger mit 3674 m, begleiten unseren Weg.

Kurz nach Zell am See – wir kommen gerade von einem Abstecher und einer kurzen Rast am Ostufer – wird die vom „Wetterorakel" angedeutete Regenwahrscheinlichkeit zur Gewißheit: Es tröpfelt, und über dem Ferlei-tental verdüstert sich der Himmel. Wir sind unsicher, ob wir noch heute Abend zum Glockner starten sollen.

Wir fahren bis zur Mautstelle in Ferleiten und erkundigen uns nach den Übernachtungs-möglichkeiten am Glockner. Der freundliche „Zöllner" überlegt kurz. Er hat viel Zeit, weil wir um vier Uhr nachmittags und bei diesem Wetter die einzigen Glockner-Fahrer sind, und empfiehlt uns den Gasthof Fuscherlacke auf halbem Weg zwischen dem Fuscher Törl und dem Mitter Törl. „Hier kann man auch gut essen; denn hier kocht der Chef selbst" ver-spricht er uns. Die Wolkendecke verdichtet sich zusehends; deshalb folgen wir gerne dem

Meterhohe Schneewände flankieren noch im Mai die Auffahrt zur Edelweißspitze. Der obere Abschnitt der Glocknerstraße sowie dreißig Dreitausender lassen sich von hier überblicken!

Nr. km	Road	Position	Richtung	Information
21 13	107	Kreuzung Guttal	Franz-Josef-Höhe (→)	Nach 2 km Aussichtspunkt Kasereck 1904 m
22 8	146	Kaiser-Franz-Josef-Höhe (XI–V)	(↑)	Pasterzengletscher, 2362 m, Großglockner, 3797 m
23 16	107	Heiligenblut	V Winklern Lienz (↑)	V Nach 3 km auf schmaler Straße, durch Wiesen und an Gehöften vorbei über Apriach nach Großkirchheim
24 22	107 106	Winklern	A Lienz (↑)	A Mölltaler Gletscher-Panorama-Straße (XII–III) Außerfragant, Innerfragant, <60 km>
25	107	Iselsberg	(↑)	1204 m Iselsberger Hof, Tel. 048 52/6 41 12
26	107 108 100	Lienz		

Rat, auf dem Glockner zu übernachten. Außerdem können wir damit auch die bezahlte Straßenmaut auf den nächsten Tag retten.

Auf dem ganzen Weg begegnet uns nur ein Radfahrer. Er hat anscheinend die Empfeh-lung im Prospekt beherzigt: „Radfahrern empfiehlt sich der Antritt der Fahrt vor 8.00 Uhr bzw. nach 16.00 Uhr". Diesen Rat möchten wir auf Motorradfahrer ausdehnen. Wir genießen es jedenfalls, fast alleine auf der Straße zu sein und, ohne Rücksicht auf andere nehmen zu müssen, Kehre um Kehre nach oben zu schwingen, vorbei am Piffkar und der Hexenküche zum oberen Naßfeld, dem Fuscher Törl und hinunter zur Fuscher Lacke.

Die Wirtsleute des Gasthofs Fuscherlacke, Helen und Herbert Haslinger, noch mit „Benzin im Blut" und von dem Traum beseelt, wieder auf zwei Räder umzusteigen, wenn der Bub groß ist, freuen sich über ihre einzigen Gäste. Allerdings gibt es kein fließendes Wasser, weil die vom Winter erstarrte Quelle nur

tröpfelt. Dafür werden beim Abendessen unsere Wünsche erfüllt!

Am nächsten Morgen überrascht uns das Wetter: Strahlend blauer Himmel und ungewöhnliche 15° C um 7 Uhr! Wir können also früh starten und nehmen als erstes die Edelweißspitze „ins Visier". Meterhohe, von Schneefräsen geschaffene Schluchten flankieren die Auffahrt, und ein faszinierender Rundblick auf mehr als 30 Dreitausender belohnt unsere Entscheidung, auf dem Glockner zu übernachten. Im kleinen Laden der Edelweißhütte konnte man zwar unsere wintermüde Kamerabatterie nicht ersetzen, aber die Empfehlung, es im gut sortierten Souvenirladen am Fuscher Törl zu probieren, war von Erfolg gekrönt – wir waren gerettet!

Auf dem Weg zur Pasterze und der Kaiser-Franz-Josef-Höhe durchqueren wir das Hochtortunnel; hier öffnet sich der Blick nach Süden auf die schneebedeckten Gipfel der Schobergruppe. Unser Vorhaben, dem höchsten Berg Österreichs und dem größten Gletscher des Ostalpenraums etwas näher zu kommen, endete kurz nach der Abzweigung im Guttal. Wie auf unserer Karte vermerkt, öffnet dieser Teil der Glocknerstraße erst 4 Wochen später, also Anfang Juni.

Kurz vor dem malerisch gelegenen Heiligenblut verlassen wir die Hauptroute und wählen den Weg ins Tal über Apriach (Variante im Roadbook) auf einer schmalen, durch Wälder und blühende Bergwiesen führenden Straße vorbei an schönen alten, aus Holz erbauten Bauernhäusern.

Mit den schönen Kurven und Kehren der Iselsbergstraße geht die Tour zu Ende. Wer jetzt eine Rast braucht, kann hier unter Gleichgesinnten im Iselsberger Hof den Tag ausklingen lassen.

WEITERFÜHRENDE INFORMATIONEN

Günstige Übernachtung

Gasthof Fuscherlacke (2262 m)
(geschl. XI – IV)
Großglockner
Tel. 0 65 45/67 79

Berggasthof Edelweißhütte (2571 m)
(geschl. XI – IV/V)
Edelweißspitze – Großglockner
Tel. 0 65 45/74 25

Iselsberger Hof
a.d. Glocknerstraße
Tel. 0 48 52/6 41 12

Wetter

5-Tage-Vorhersage
Tourenfahrer-Wetterservice
Tel. 01 90/27 03 95

(nur von Deutschland aus erreichbar)
Code für Wien: 136
Code für Innsbruck: 132
Kosten: DM 1.20 pro Minute

Auskunft

Österreich Information
Postfach 1231
D-82019 Taufkirchen
Tel. 0 89/66 67 01 00, Fax 0 89/66 67 02 00
(Mo – Fr 9 – 17 Uhr)

Der gute Rat

Wenn es sich einrichten läßt, sollte man auf dem Großglockner übernachten. Es ist faszinierend, hier oben die Ruhe zu erleben, nachdem der Touristenstrom verebbt ist. Und meistens hat man bei instabiler Wetterlage am Tagesanfang die besseren Chancen für gute Sicht.

Durch Vorarlberg, Silvretta und Lechtaler Alpen zum Schloss Linderhof – Von Dornbirn nach Oberau

 Ausgangsort
Dornbirn

 Zielort
Oberau

 Gesamttourenlänge
300 km

 Zeitbedarf
1 Tag

 Anschluß
Einstiegstour West (Schwarzwald) über Freiburg, Tour 9 in Landeck, Tour 2 in Oberau

 Pässe geschlossen
Silvretta-Hochalpenstraße XI–V; Silvretta-Zeinisjoch XI–V; Hahntennjoch XI–V

 Sehenswertes
Landeck: Burg Landeck, got. Pfarrkirche; Linderhof: Schloß und Park

Kurzbeschreibung
Vom Bodensee über die mittelhohen Berge und durch die malerischen Täler des Bregenzer Waldes und des Großen Walsertales erreichen wir bei Bludenz einen der Höhepunkte, die Silvretta-Hochalpenstraße mit dem grandiosen Panorama der Silvretta-Gruppe und den reizvoll eingebetteten Stauseen. Durch das von hohen Bergen flankierte Paznauntal führt die Route über Landeck zur Hahntennjochstraße und vorbei am Plansee über den Ammersattel bis Schloß Linderhof.

Für den Beginn einer Alpentour am Bodensee gibt es mehrere gute Gründe. Zum einen ist der Weg durch Vorarlberg und den Bregenzer Wald landschaftlich besonders reizvoll, interessant zu fahren und auch für weniger Erfahrene ein genußvoller Einstieg. Zum anderen ist die Strecke von München über Memmingen an den Bodensee, einmal abgesehen von der Hauptreisezeit, eine der weniger benutzten Routen in den Süden.

Der Weg zum Bödele ist leicht zu finden: Von der Ausfahrt Dornbirn-Nord folgen wir den Wegweisern „Bregenzer Wald, Schwarzenberg" bis in das Zentrum. Hier beginnt an einem unscheinbaren Schild die Auffahrt zum Bödele. Durch einen Wiesenhang geht's in schönen Kurven nach oben, und bald überblickt man Bregenz und den Bodensee – die auf „60" beschränkte Geschwindigkeit läßt genug Zeit dafür!

Am Bödele angekommen, öffnet sich der Blick auf eine liebliche Landschaft: grüne Hügel und Weideflächen, durchzogen von Wald, kleine Orte, weidende Kühe und, aufgepaßt!, Kuhfladen auf der Straße! In der Ferne locken die grün überzogenen, höheren Berge. Da kann uns selbst Marc Girardelli's Alpenhotel Bödele mit einem Herz für Biker nicht länger halten. Wir schwingen hinunter durch die grünen Hänge nach Schwarzenberg und weiter über Fontanella ins Große Walsertal, eine wirklich abwechslungsreiche Kurvenorgie!

Es ist ein herrlicher Septembertag, den wir nutzen wollen; deshalb starten wir noch am frühen Abend von Bludenz zur Silvretta. Durch das recht touristische Montafon geht's nach Partenen, dem Beginn der Silvretta-Hochalpenstraße. Gleich nach der Mautstelle

– mit 140 ATS ist man dabei – beginnt der Anstieg über die 25 schön zu fahrenden Kehren zum Vermuntsee. Hier weitet sich das Tal und präsentiert einen ersten Panoramablick auf die schneebedeckten Gletscherberge der zur Silvretta gehörenden Seehorngruppe. Vorbei an den grasenden Kühen im Großvermunt führt der Weg in wenigen Kehren zum höchsten Punkt und der Wasserscheide zwischen Rhein und Donau, der Bieler Höhe. Hier sind wir trotz Bilderbuchwetter die einzigen auf dem riesigen Parkplatz vor dem Silvretta-Stausee. Nun haben wir sie vor uns: den berühmten Piz Buin (3312 m), das Silvrettahorn (3244 m) und die Dreiländerspitze (3197 m)! Wir kommen gerade richtig; denn die untergehende Sonne überzieht sie mit dem milden Licht des Abends, das auch den ruhig

liegenden See in einem vornehmen Glanz erstrahlen läßt. Am Silvretta-Haus parken Autos, und wir überlegen kurz hierzubleiben; aber wir wollen den Tag nutzen und noch zum Zeinisjoch und Kops-Stausee fahren. Dort angekommen, erreichen die Sonnenstrahlen noch den ganzen See und lassen sogar die gigantische Staumauer in einem sanften Licht erscheinen. Vom Zeinisjoch nehmen wir das mautfreie Sträßchen nach Galtür.

Bevor wir uns hier nach einem Quartier umsehen, suchen wir bei Tschafein nach der Vergiel-Bergstraße, die wir von einer Sternfahrt her kennen. Kurz nach Tschafein steht die Tafel, mit der die Befahrung von 17–9 Uhr erlaubt wird; aber einige Kilometer weiter ist der Weg, den wir nehmen müßten, zur privaten Forststraße deklariert. Wir folgen also dem

31

ROADBOOK: Motorradtouren in den Alpen

Tour 3	Region: Vorarlberg, Tirol, Oberbayern Etappe: Dornbirn – Oberau			Karten: Generalkarte Österreich 3 – Vorarlberg, Tirol, Südtirol, Oberbayern
Nr. / km	Road	Position	Richtung	Information
1 / 4,5	A14 190	Ausfahrt Dornbirn-Nord	Bödele Schwarzenberg	
2 / 5		Bödele		Alpenhotel Bödele, Marc Girardelli, Tel. 05572/7250; Berghof Fetz, Bödele, Tel. 05572/7211
3 / 14		Schwarzenberg	200 Warth Hochtannberg	Gasthof Hirschen, Schwarzenberg, Tel. 05512/29440
4 / 17	200 193	Au	193 Kirchdorf Rankweil	
5 / 10	193	Kirchdorf	193 Großes Walsertal	
6 /	193	Fontanella Großes Walsertal		Café-Pension Sonnenkopf, Fontanella, Tel. 05510/316
7 / 19	193	Thuringen	193	
8 / 22	193 188	Bludenz	188 Innsbruck Schruns	
9 /	188	Partenen – Beginn Silvretta-Hochalpenstr. (XI–V)		Mautstelle der Silvretta-Hochalpenstraße
10 / 43	188	Bieler Höhe		2036 m; Silvretta-Haus, Bieler Höhe, Tel. 05558/4246
11 / 5,5	188	Kreuzung	A	Zeinisjoch und Kops-Stausee (XI–V) <10 km>; A Von hier mautfreie kleine Straße nach Galtür
12 / 3,5	188	Galtür	A	Von Tschafein zur Larainalpe, A 1842 m (9–17 Uhr), Schotterstraße
13 / 10	188	Ischgl	A	Von Ischgl zur Bodenalpe, A 1860 m (XI–V, 9–17 Uhr), Teerstraße
14 / 29	188 316 171	Landeck	171	V Anschluß an Tour 9 (Kaunertal); Burg Landeck, gotische Pfarrkirche
15 / 22	171	Imst	Fernpaß Hahntennjoch	
16 /		Hahntennjochstraße (XI–V)		1903 m; Gasthof-Pension „Zur Gemütlichkeit", Bschlabs, Tel. 05635/259
17 / 28	198	Elmen	198	
18 / 26	198 314	Reutte	Plansee Oberau	
19 /		Plansee Ammersattel		
20 / 24		Linderhof		Schloß und Park Linderhof

weiterführenden Schotterweg bis zur 1860 m hoch gelegenen Larainalpe und werden dort von einer riesigen Kuhherde begrüßt, die gerade zur Weide marschiert, und von jausenden Bergsteigern, die sich hier bei einem Glas Milch und einer Brotzeit von den Strapazen des Aufstiegs erholen.

In Galtür finden wir in der „hintersten Reihe" an den Bergen den Gasthof Alpina mit Landwirtschaft. Hier übernachten wir zusammen mit Bergsteigern, die in drei Tagen von Oberstdorf hierher gewandert sind und in weiteren drei Tagen am Stilfser Joch – unserem Ziel für morgen – eintreffen wollen. Zwei andere aus Dortmund organisieren gerade die für den nächsten Tag, zusammen mit einem Führer geplante Besteigung des Piz Buin. Wir erfahren auch die Hintergründe für die Sperrung der reizvollen Vergiel-Bergstraße, und daß das Fimbertal nur bis zur Bodenalpe befahren werden kann.

Für den Sonnenaufgang in dem von Bergen umgebenen Galtür lohnt es sich schon, früh aufzustehen: Lange bevor die Sonne das Tal erreicht, illuminiert sie die Skyline der im Osten liegenden Gipfel, um später den Bergkamm auf der anderen Seite zu beleuchten. Nach diesem Naturschauspiel wartet ein deftiges Frühstück auf uns, mit Bauernbutter, Wurst und Käse. Heute schaffen wir es, um sieben auf dem Motorrad zu sitzen, motiviert von der 5-Tage-Vorhersage, die einen sonnigen, warmen Tag verspricht. Wir fahren hinunter in das von mächtigen Bergen flankierte Paz-

Linderhof im Graswangtal: Blick vom Monopteros auf das Schloß mit seinen prunkvollen Gartenanlagen.

Nr. km	Road	Position	Richtung		Information	
21 9,5	23	Kreuzung vor Ettal	⌐	23	Klosterkirche: Gotik, Barock, Rokoko	▲
22 7	23 2	Oberau	Tour 2	⌐	Hier Anschluß zur Tour 2	

Vom Lech zur Loisach führt unser Weg vorbei am malerisch gelegenen Plansee und über den Ammersattel nach Schloß Linderhof. Vom großen Parkplatz wandern wir zusammen mit Japanern und Amerikanern durch den Park zum Rokoko-Schloß und den einfühlsam in die Landschaft gesetzten Gartenanlagen. Die lange Schlange der Wartenden hält uns davon ab, das prunkvolle Innere zu besichtigen. Wir benutzen die dem Schloß gegenüberliegende gigantische Treppenanlage zum Monopteros und dem Venustempel. Von hier überblickt man das gesamte Ensemble bis zum Schloß und bekommt einen umfassenden Eindruck von der Leistung der Architekten und Planer.

nauntal, immer begleitet von der Trisanna, die sich vor Landeck mit der vom Arlberg kommenden Rosanna vereinigt, um als Sanna ab Landeck den Inn zu verstärken. Als Übergang vom Inn- zum Lechtal wählen wir die bei Bikern beliebteste Strecke über das Hahntennjoch. Die inzwischen gut ausgebaute, landschaftlich reizvolle Strecke macht Spaß, wenn man sie nicht gerade am Wochenende befährt.

Der idyllisch gelegene Heider-See liegt an der vielbefahrenen Nord-Süd-Route über den Reschenpaß.

Motorradfahrer lieben diese reizvolle Verbindung vom Inn- zum Lechtal über das Hahntennjoch.

Herrliche Kurvenorgie von Fontanella hinunter ins Große Walsertal.

WEITERFÜHRENDE INFORMATIONEN

 Günstige Übernachtung

Alpenhotel Bödele
Marc Girardelli
Tel. 0 55 72/72 50

Berghof Fetz
Bödele
Tel. 0 55 72/72 11

Gasthof Hirschen
Schwarzenberg
Tel. 0 55 12/2 94 40

Cafe-Pension Sonnenkopf
Fontanella
Tel. 0 55 10/3 16

Silvretta-Haus
Bieler Höhe
Tel. 0 55 58/42 46

Gasthof-Pension „Zur Gemütlichkeit"
Bschlabs
Tel. 0 56 35/2 59

 Wetter

5-Tage-Vorhersage
Tourenfahrer-Wetterservice

Tel. 01 90/27 03 95
(nur von Deutschland erreichbar)
Code für Innsbruck: 132
Kosten: DM 1.20 pro Minute

 Auskunft

Österreich Information
Postfach 1231
D-82019 Taufkirchen
Tel. 0 89/66 67 01 00, Fax 0 89/66 67 02 00
(Mo – Fr 9 – 17 Uhr)

Vorarlberg Tourismus
Römerstraße 7
A-6901 Bregenz
Tel. 0 55 74/425 25-0
Fax 0 55 74/4 25 25-5

 Der gute Rat

Nutze den Tag – das gilt ganz besonders, wenn man an Schönwettertagen in den Bergen unterwegs ist. Denn die interessantesten Inszenierungen der Natur können wir erleben, sobald es hell wird und bei sinkender Sonne. Um diese Zeit ermöglichen auch die stärkeren Kontraste ausdrucksvolle Fotos.

OBERÖSTERREICH, ENNSTALER ALPEN UND STEIERMARK – VON SATTLEDT BIS ZUR TURRACHER HÖHE

Ausgangsort
Sattledt

Zielort
Turracher Höhe

Gesamttourenlänge
275 km

Zeitbedarf
1 Tag

Anschluß
Tour Einstieg-Ost bei Steyr;
Tour 5 bei Unter Winklern;
Tour 1 bei Schladming, Gröbming

Pässe geschlossen
Sölkpaß XI–V

Sehenswertes
Kremsmünster: Benediktinerabtei, Basilika, Museen, Sternwarte; Kremsegg: Schloß, Fahrzeugmuseum; Steyr: Stadtplatz und Altstadt; Admont: Benediktinerabtei, Kirche, Bibliothek, Museen, Schloß Röthelstein

Kurzbeschreibung
In Kremsmünster und Steyr berühren wir die Österreichische Romantikstraße mit kulturhistorisch sehr bedeutenden Sehenswürdigkeiten. Wir folgen der Enns flußaufwärts über Hieflau und die Felsschluchten des Gesäuses bis Gröbming. Auf der Erzherzog-Johann-Straße und dem Sölkpaß überquert die Route die Niederen Tauern und erreicht bei der Turracher Höhe die Gurktaler Alpen.

von Baumgruppen aufgelockertes Agrarland. Es geht vorbei an wogenden Getreidefeldern und immer wieder mit Blick auf die nahen Berge. Schnell erreichen wir das Tal der Krems; hier liegt auf einer Terrasse über dem Fluß eines der größten und kunsthistorisch bedeutendsten Klöster Österreichs, das 777 gegründete Benediktinerstift Kremsmünster.

Außer der sehenswerten Stiftskirche, der Schatzkammer mit dem Tassilokelch und dem Stiftsgebäude mit seiner berühmten Bibliothek können wir auch Weltliches besichtigen: die Sternwarte und die dort ausgestellten naturwissenschaftlichen Sammlungen sowie die von Arkadengängen umgebenen Fischbehälter (1691). Nur wenige Kilometer weiter finden Oldtimer-Freunde im Fahrzeugmuseum von Schloß Kremsegg etwa 100 Exponate.

Malerische Bergwiesen und ländliche Idylle kurz vor der sehr touristischen Turracher Höhe.

Von Sattledt kommend, der ersten Abfahrt nach dem Voralpenkreuz, nehmen wir die 122, eine recht belebte Straße durch hügeliges und

Admont ist berühmt durch seine Benediktinerabtei und liegt, von hohen Bergen umgeben, im grünen Tal der Enns.

Am Zusammenfluß von Steyr und Enns liegt die alte Eisen- und heutige Industriestadt Steyr mit dem sehenswerten Stadtplatz und der schönen Altstadt. Die früher bedeutenden Eisenvorkommen in den Tälern der „Eisenwurzen" waren die Grundlage für die industrielle Entwicklung und den Reichtum dieser Region.

Wir brauchen „Nachschub" für unsere Kamera und erfahren, daß wir beim Hartlauer in der Fußgängerzone finden, was wir suchen. Ein ausgesprochen freundlicher junger Polizist erlaubt uns, die Motorräder am Rande der Fußgängerzone zu parken. Wir nutzen diese Gelegenheit für einen kleinen Rundgang durch die engen Gassen bis zum Grünmarkt.

Von hier folgen wir der Enns flußaufwärts auf der enttäuschend gut ausgebauten 115. Die extrem begradigte Straße läßt uns aber Zeit, die liebliche Landschaft mit den grünen Buckeln, den exponiert plazierten, stattlichen Vierseithöfen sowie Obstgärten und parkähnlich angeordneten Baumgruppen zu betrachten und uns über die breite, fast wie ein See daliegende Enns zu wundern. Am Kraftwerk Rosenau finden wir die Erklärung: nämlich die vielen Staustufen und Kraftwerke, die den Fluß

zähmen und seine Energie in Strom verwandeln. Wir halten an einem der Wehre und erfahren, daß man bereits Anfang unseres Jahrhunderts über Projekte nachgedacht hat, die Kraft des Wassers zu nutzen. Sie wurden in den zwanziger Jahren ausgearbeitet und erst in der zweiten Hälfte der fünfziger Jahre realisiert. Heute ist Österreich – ohne Atomkraftwerke – bedeutender Exporteur von

Strom! Aber sicherlich war es romantischer im Tal der Enns, als Baumstämme, Erz und Holzkohle noch auf dem Fluß tranportiert wurden!

Von Altenmarkt nach Hieflau wird auch die 115 enger, kurvenreicher und „motorradliger"! Wer aber von der Enns genug gesehen hat und auch ihren ungezähmteren Lauf im Gesäuse nicht hören und sehen mag, nimmt

ROADBOOK: Motorradtouren in den Alpen				
Tour 4	Region: Oberösterreich, Steiermark Etappe: Sattledt – Turracherhöhe		Karten: Generalkarte Österreich 2, Salzburg, Steiermark, Kärnten	
Nr. km	**Road**	**Position**	**Richtung**	**Information**
1	A1 122	Sattledt	⤵ 122	
2 6	122	Kremsmünster	↑	Benediktinerabtei, Basilika, Museen, Sternwarte, Fischhalter; nach 1,5 km: Fahrzeugmuseum Schloß Kremsegg
3 28	122 115	Steyr	⤵ 115 Hieflau	„Eisenstadt" an Enns und Steyr, sehens- werter Stadtplatz, Rathaus, Marienkirche Nach 27 km: Gasthof-Pension Damhofer, Reichraming, Tel. 07255/8138
4 58	115	Altenmarkt bei St. Gallen	115 ↑ V	Biker Bikertreff Gasthaus Jax, Altenmarkt V „Eisenstraße" über Hengstpaß, Windisch- garsten, Pyhrnpaß nach Liezen
5 21	115 146	Hieflau	⤵ 146 Gesäuse Admont	Nach 14 km: Johnstal Gasthof Kölblwirt, Johnsbach, Tel. 03611/216
6	146	Gesäuse	↑	Großartiger Felsdurchbruch der Enns
7 24	146	Admont	↑ 146	Benediktinerabtei, Kirche, Bibliothek, Museen Schloß Röthelstein mit Laubenhof, barocke Schloßkapelle
8 20	146	Liezen	↑ 146 Salzburg	Poschenhof, Wörschach-Liezen Tel. 03682/22277
9 18	146	Gröbming	Murau Sölkpaß ⬅	Stoderzinken, 2084 m, <21 km>
10 3,5		Stein an der Enns	Murau Großsölktal ⬅	
11		Erzherzog-Johann- Straße, Sölkpaß (XI–V)	↑	Sölkpaß, 1790 m Nach Sölkpaß: Alpengasthof Kreuzerhütte, Tel. 03536/266 (8266)
12		Schöder	➡ Rottenmann Murau	
13 52	96 97	Murau	⤵ 97	
14 23	97 95	Predlitz	95 ⬅	
15 20	95	Turracher Höhe		1783 m Gasthof Turracherhof, Tel. 04275/8366

Wer auf Quartiersuche ist, dem empfiehlt sich ein Abstecher in das romantische Johnstal zum Kölblwirt in Johnsbach. Hier wird man als Gast ernstgenommen und mit den Produkten der eigenen Bio-Landwirtschaft bekocht!

Den wilden Gebirgsfluß, der sich strudelnd den Weg durch die im Flußbett liegenden großen Felsblöcke sucht, bekommt man vor der Wehranlage am Gstatterboden zu sehen, bevor mehr als die Hälfte der Wassermenge in drei riesigen Druckrohren in Richtung Hieflau verschwindet.

Eine landschaftlich reizvolle, schön zu fahrende Straße führt hinunter in das grüne und von hohen Bergen umgebene Tal von Admont und weiter entlang der Enns bis Gröbming. Hier biegen wir ab ins Großsölktal und folgen dem schmalen und wenig befahrenen Asphaltsträßchen in ein bewaldetes Tal und etwas später in einigen Kehren hinauf zum Sölkpaß. Über die Bedeutung dieser historischen Saumstraße informiert die auf der Paßhöhe aufgestellte Tafel. Funde auf der Paßhöhe beweisen, daß dieser Alpenübergang schon 2000–3000 Jahre v. Chr. benutzt wurde. Im Mittelalter war er eine wichtige Verbindung von Enns- und Drautal und diente dem Salztransport .

Inzwischen umlagert uns eine dichte Wolkendecke, und da wir heute noch zur Turracher Höhe wollen, starten wir kurz entschlossen die Fahrt ins Drautal nach Murau und Predlitz; von dort begleitet uns wieder das warme Licht der Abendsonne bei der reizvollen Etappe zur Turracher Höhe.

ab Altenmarkt die im Roadbook angebotene Variante, nämlich das kurvige Bergsträßchen über den Hengstpaß nach Windischgarsten und über den Pyhrnpaß nach Liezen.

Wir folgen von Hieflau aus den schluchtartigen Verengungen durchs Gesäuse; hier zwängen sich Fluß, Straße und Bahn auf engstem Raum durch die Felseinschnitte.

Im Ennstal zwischen Steyr und Hieflau: Viele Staustufen haben den reißenden Fluß gezähmt und zum ruhenden „See" werden lassen.

Im Gesäuse erleben wir die Enns ursprünglich und wild, wie sie sich ihren Weg durch enge Felseinschnitte sucht.

WEITERFÜHRENDE INFORMATIONEN

 Günstige Übernachtung

Gasthof-Pension Damhofer
Reichrahming
Tel. 072 55/81 38

Gasthof Kölblwirt
Johnsbach
Tel. 0 36 11/2 16

Poschenhof
Wörschach
Tel. 0 36 82/2 22 77

Alpengasthof Kreuzerhütte
Sölkpaß
Tel. 0 35 36/2 26 (82 26)

Gasthof Turracherhof
Turracher Höhe
Tel. 0 42 75/83 66

Motorradtreff
Altenmarkt b. St. Gallen, Gasthaus Jax
Öffnungszeiten Fahrzeugmuseum Krems,
Sa 14 – 16 Uhr; So 10 – 12 u. 14 – 16 Uhr, Sommermonate
(VII+VIII) auch Di – Fr 10 – 12 u. 14 – 16 Uhr und nach
Vereinbarung

 Wetter

5-Tage-Vorhersage, Tourenfahrer-Wetterservice
Tel. 01 90/27 03 95 (nur von Deutschland aus erreichbar)
Code für Wien: 136
Code für Innsbruck: 132
Kosten: DM 1.20 pro Minute

 Auskunft

Österreich Information
Postfach 1231 D-82019 Taufkirchen
Tel. 0 89/66 67 01 00, Fax 0 89/66 67 02 00
(Mo – Fr 9 – 17 Uhr)

Durch Kärnten in die Dolomiten – von der Turracher Höhe bis Lienz

Ausgangsort
Turracher Höhe

Zielort
Lienz

Gesamttourenlänge
380 km

Zeitbedarf
1–2 Tage

Anschluß
Tour 4 bei Turracher Höhe;
Tour 6 bei Lienz; Tour 1 bei Predlitz

Pässe geschlossen
Nockalmstraße XI – V,
Maltatal XI – V,
Winkeltal XI – V

Sehenswertes
Nockalmstraße: Nationalpark Nockberge;
Gmünd: Altstadt , Porsche-Museum; Spittal: Altstadt,
Schloß Porcia, Freilichtmuseum Teuria; Innervillgra-
ten: seltene Bauernhäuser; Abfaltersbach: „Aigner
Badl"; Anras: barocke Pfarrkirche, Friedhofkapelle

Kurzbeschreibung
Nur wenige Kilometer unterhalb der Turracher Höhe nehmen wir ein kleines gelbes Sträßchen, das sich über 34 km in unzähligen, schön zu
fahrenden Kurven und Kehren durch die einmalige
Landschaft der Nockberge schlängelt. Der Abstecher von Gmünd ins Maltatal und zum Kölbrein-
speicher führt uns zu deutlich höheren Bergen.
Wir folgen dem Tal der Drau bis Greifenburg und
nehmen von hier die Karnische Dolomitenstraße
durch das Gitsch-, Obergail- und Lesachtal bis
Sillian mit lohnenden Abstechern in das Villgraten-
und Winkltal. Den krönenden Abschluß bildet
wieder ein gelbes Sträßchen mit grünem Band,
die Pustertaler Höhenstraße mit Blick auf die
Lienzer Dolomiten.

Als wir gestern abend die Turracher Höhe her-
aufkamen, begrüßte uns Sonnenschein; zum
ersten Mal seit vielen Tagen, wie wir von den
wenigen Gästen erfahren, die hier Anfang Juli
mit uns übernachten. Den optimistischen Vor-
hersagen unseres Wirts zum Trotz hängen am
Morgen wieder dicke Wolken über der Turracher
Höhe, dabei wollten wir heute früh aufbrechen
zum kleinen gelben Sträßchen über die Nockberge. Wir nehmen uns also Zeit für das reich-
haltige Frühstücksbüffet und beobachten den
lichter werdenden Himmel.

Als wir losfahren, blinzelt die Sonne bereits
durch die Wolken, und bei der nur wenige
Kilometer unterhalb von Turrach liegenden
Abzweigung wird es sogar richtig freundlich.
Zuerst folgen wir auf schmaler asphaltierter
Straße dem bewaldeten Tal mit blühenden
Wiesen auf beiden Seiten und einem der inter-
essanten „Nocken" am Talende – so heißen
hier die meisten der unbewaldeten und grün
überzogenen „Buckel", wie z. B. Klomnock oder
Großer Rosennock (2240 m).

An der Mautstelle müssen wir 90 ATS berap-
pen und benutzen die Gelegenheit, uns über
das entlang der Strecke Gebotene zu infor-
mieren. Auf dem Weg zum ersten Höhepunkt,
dem malerisch gelegenen Windebensee, lädt
an einer der vielen schönen Kurven eine biker-
freundliche Almgaststätte zur Rast. Die schönen alten Gebäude machen uns Lust auf etwas
Wärmendes; aber wir enden vor verschlos-
senen Türen: So früh und mitten in der Woche
erwartet man hier keine Biker! Wir gönnen
uns statt dessen eine kurze Rast am Windebensee und seinem Naturlehrpfad und bewundern die riesigen Flächen blühender Alpen-

ROADBOOK: Motorradtouren in den Alpen

Nr. km	Road	Position	Richtung	Information
Tour 5	Region: Kärnten, Gurktaler Alpen, Osttirol Etappe: Turracher Höhe – Lienz			Karten: Generalkarte Österreich 2+3 Salzburg, Steiermark, Kärnten, Vorarlb., Tirol, Südtirol, Oberb.
1	95	Turracher Höhe	↑	Gasthof Turracherhof, 1783 m, Tel. 0 42 75/83 66
2 / 7	95	Unter Winkl	Naturpark Nockberge Kremsbrücke ↑→	
3		Nockalmstraße (XI–V)	↑	Nationalpark Nockberge, Naturlehrweg Windebensee, Bergwaldinformation Grundalm, Museum, Zechneralm, Karlbad Biker Nockalmhof, Tel. 0 47 36/283
4 / 34		Innerkrems	←↑ V	Über St. Margarethen i. L., St. Michael, Katschenberghöhe nach Gmünd
5 / 10	99	Kremsbrücke	99 →↑	
6 / 10	99	Gmünd	Maltatal ←↑	Schöne Altstadt, Porsche-Museum
7 / 30		Maltatal – Kölnbreinsperre (XI–V)	↑	1920 m
8 / 30	99	Gmünd	99 →↑ Spittal	
9 / 18	99 100	Spittal	100 →↑ Lienz	Sehenswerte Altstadt, Schloß Porcia, Freilichtmuseum Teuria
10 / 8	100	Lurnfeld	100 ↑ Oberes Drautal → Salzburg 106	
11 / 22	100	Greifenburg	87 ↑← Hermagor	8,5 km in Richtung Hermagor links Weißensee, schöner Badesee
12 / 28	87 111	Hermagor	111 Karnische Region →Kötschach-Mauthen Naßfeldpaß ①	
13 / 8	111 90	Kreuzung	111 V ↑ 90	Über Naßfeld 1530 m, Pontebba nach rechts Passo del Cason di Lanza, Paularo, Ligosullo, Paluzza, Plöckenpaß 1360 m nach Kötschach
14 / 31	111	Kötschach-Mauthen	110 111 ←↑ Lesachtal	
15 / 38	111	Obertilliach	↑	Malerisches Dorfbild, schindelgedeckte Bauernhäuser Gasthof Unterwöger, Obertilliach 26, Tel. 0 484/52 21
16 / 16	111 100	Tassenbach	100 ←↑	Heinfels-Schloß Tessenberg, hist. Ortsbild Pfarrkirche – Fresken
17 / 2,5	100	Sillian	Villgraten-Tal, Winkeltal ↑→ (XI–V) Lienz ←	Innervillgraten – seltene Bauernhäuser, Vollholz, 3 Balkone Volkzeiner Hütte, Winkeltal
18 / 52	100	Abfaltersbach	Pustertaler Höhenstraße →↑ Assling, Leisach	„Aigner Badl" typisches Pustertaler Bauernbad; Info Gasthof Aigner, in Betrieb VII–VIII
19		Anras	↑	Barocke Pfarrkirche, Friedhofskapelle Fresken Tiroler Wirtshaus Gasthof Pfleger Tel. 0 48 46/62 44
20 / 32	100 108	Lienz		

rosen. An der Schiestlscharte erreichen wir den mit 2024 m zweithöchsten Punkt der Strecke und überblicken, wie sich diese „motorradlige" Straße durch die Nockberge schlängelt. Wer mehr über den Bergwald und die Almwirtschaft erfahren oder mittelalterliche Badekultur am eigenen Leib spüren möchte, muß sich die Zeit nehmen für einen Stop bei der Grundalm (Bergwaldmuseum), der Zechneralm (Almwirtschaftsmuseum) und dem Karlbad (kulturhistorisch bedeutsames altes Bauernbad).

Biker sind auch im Nockalmhof willkommen, dem einzigen Übernachtungsbetrieb auf der Mautstrecke. Wir nehmen die Aufforderung ernst und lassen uns am frühen Vormittag verwöhnen: Warmer Apfelstrudel mit Vanillesoße und ein heißer Kaffee tun uns gut!

Vom Wirt erfahren wir mehr über die Geschichte des Nationalparks Nockberge. Ursprünglich sollte hier ein gigantischer Skizirkus entstehen. Für die Fläche am Windebensee, wo wir eben noch den blühenden Almenrausch bewundern konnten, war ein größeres Hoteldorf geplant. Der Widerstand in der Bevölkerung führte zu einer Volksbefragung; über 90 % sprachen sich für die Erhaltung dieser ursprünglichen Landschaft aus.

Ursprünglich ist auch die Heugewinnungsmethode, die wir mit Blick auf das gigantische Autobahnviadukt bei Kremsbrücke beobachten: In mühevoller Arbeit wird an den steilen Hängen das Gras mit der Sense gemäht und anschließend ebenso arbeitsaufwen-

Alpenrosen an der Nockalmstraße.

dig zum Trocknen auf Hiefeln gehängt; die dabei entstehenden Gestalten bilden eine faszinierende Kulisse, die ein moderner Künstler Installation nennen würde.

Den nächsten „Hochpunkt", den Kölnbrein-Hauptspeicher (See) am Ende der Malta-Hochalmstraße, erreichen wir über Gmünd, einen gemütlichen Ort mit sehenswerter Altstadt und dem pittoresk am Stadtrand liegenden alten Schloß. Von 1944–1950 war hier der Produktionsort der Porsches; das seit 15 Jahren bestehende Porsche-Auto-Museum erinnert an diese Zeit.

Am Stadtplatz, zu dem wir durch eines der vier Tore der alten Stadtmauer gelangen, reizen uns die vor dem Café-Konditorei Nußbaumer stehenden Tische, eine Kaffeepause einzulegen. Danach fühlen wir uns wieder munterer. Auf dem Weg ins Maltatal begleiten uns die aus den Felswänden herabstürzenden Wasserfälle,

die sich im Talboden zur Malta vereinigen. Die in den Fels gehauene Trasse führt durch acht sehr enge und zum Teil als Kehren ausgebildete Tunnels. Für diese Engstellen besteht während der Hauptverkehrszeit von 9 – 18 Uhr ein durch Ampeln geregelter Einspurverkehr mit maximalen Wartezeiten von 20 Minuten. Wer diese schön zu fahrende Bergstraße ohne lästiges Warten vor den Ampeln genießen möchte, kann dies früh morgens oder nach 18 Uhr tun. Allerdings muß man dann mit Gegenverkehr rechnen. Oben steht man vor der über 200 m hohen Staumauer, die mit einem eleganten Bogen das Tal abschließt; diese Linie wird von dem riesigen Stausee aufgenommen und bis zum Fuß der Berge fortgesetzt. Etwas deplaziert wirkt dagegen der brutal in die Landschaft gesetzte Panoramaturm mit Hotel-Restaurant, einer interessanten Mineralienausstellung zur Entstehung

**Der Nockalmhof am Ende der Nockalmstraße:
Biker sind hier besonders willkommen!**

bahn, die Lieser und die 99 das enge Tal – einige sanfte Kurven hat hier der Flußverlauf erzwungen!

Die historische Altstadt von Spittal mit vielen alten Bürgerhäusern und einem gut erhaltenen Arkadenhof sowie nicht zuletzt das Schloß Porcia und das außerhalb gelegene Freilichtmuseum Teuria sind lohnende Besichtigungsstops.

Auf der breit ausgebauten 100 erreichen wir Greifenburg im Oberdrautal. Hier beginnt die Karnische Dolomitenstraße mit einer sehr „motorradligen" Passage über den Kreuzberg und durch das romantische Gitschtal bis nach Hermagor. Sie setzt sich fort im grünen, von den Karnischen Alpen flankierten Obergailtal bis Kötschach-Mauthen und weiter durch das Lesachtal bis Tassenbach vor Sillian. Besonders reizvoll sind die letzten 50 km durch das

der Alpen und einer Multivisionsschau zur Geschichte der Kölnbreinsperre.

Im einst sicherlich malerischen Liesertal zwischen Gmünd und Spittal teilen sich Auto-

46

Am Ende der Malta-Hochalmstraße verbirgt sich hinter der riesigen Staumauer der Kölnbrein-speicher.

47

Lesachtal; denn es bietet faszinierende Landschaft, schöne Orte mit vielen alten Bauernhäusern – für das malerische Obertilliach mit seinen besonderen schindelgedeckten Bauernhäusern sollte man sich Zeit nehmen – und eine abwechslungsreiche Strecke mit wenig Verkehr. Straßenführung und -beschaffenheit wechseln häufig zwischen der sehr schmalen alten Trasse mit engen, nicht vorhersehbaren Kurvenradien und den gut ausgebauten, neuen Teilstücken; dies muß bei der Zeitplanung einkalkuliert werden.

In Sillian erwartet uns ein interessanter Abstecher in das nicht nur landschaftlich reizvolle, sondern auch kulturhistorisch bedeutsame Villgratental. Vorbei an dem malerisch gelegenen Schloß Heinfels erreicht man das sehenswerte Einhofgebiet Innervillgraten mit ganz besonderen, aus Holz gebauten Bauernhäusern. Wer lieber Schotter unter den Rädern spüren möchte, fährt von Außervillgraten in das einsame Winkeltal und auf der Schotterstraße bis zur 1886 m hoch gelegenen Volkzeiner Hütte.

Am frühen Abend wählen wir in Abfaltersbach den Weg über die Pustertaler Höhenstraße nach Leisach und Lienz. Mit der Sonne im Rücken und den Lienzer Dolomiten zur Seite erleben wir auf dieser abwechslungsreichen Panoramafahrt ständig wechselnde Bilder und Stimmungen. Das kurvenreiche, schön zu fahrende Sträßchen windet sich durch grüne Hänge und blühende Bergwiesen vorbei an schönen alten Dörfern und echten Tiroler Wirtshäusern. Dann wieder folgt der Weg den Konturen der Hänge bis in die Taleinschnitte und gelangt so zwar auf Umwegen, aber ohne teure Brücken zum Ziel. Bei Leisach hat uns die geschäftige 100 nach Lienz wieder.

WEITERFÜHRENDE INFORMATIONEN

 Günstige Übernachtung

Gasthof Turracherhof
Turrach
Tel. 0 42 75/83 66

Nockalmhof
Innerkrems
Tel. 0 47 36/2 83

Gasthof Unterwöger
Obertilliach 26
Tel. 04 84/52 21

Volkzeiner Hütte Winkltal
ohne Telefon

Tiroler Wirtshaus
Gasthof Pfleger
Anras
Tel. 0 48 46/62 44

 Wetter

5-Tage-Vorhersage, Tourenfahrer-Wetterservice
Tel. 01 90/27 03 95 (nur von Deutschland aus erreichbar)
Code für Wien: 136
Code für Innsbruck: 132
Kosten: DM 1,20 pro Minute

 Auskunft

Österreich Information
Postfach 1231, D-82019 Taufkirchen
Tel. 0 89/66 67 01 00, Fax 0 89/66 67 02 00
(Mo – Fr 9 – 17 Uhr)

 Der gute Rat

Aufpassen! Die vielen Geschwindigkeitsbegrenzungen und Ortsdurchfahrten im Drautal werden häufig und mit Radargeräten überwacht!

Nicht nur für Motorradfahrer sind die Alpen ein Freizeitparadies. Im Bild: Rafting bei Spittal.

RUNDFAHRT DURCH DIE KARNISCHEN ALPEN – LIENZ – LIENZ

 Ausgangsort
Lienz

 Zielort
Lienz

 Gesamttourenlänge
300 km

 Zeitbedarf
1 Tag

 Anschluß
Tour 5 bei Lienz,
Tour 2 bei Lienz

 Pässe geschlossen
Kalser Glocknerstraße XI–IV,
Neues Lucknerhaus XI–V,
Dorfer Tal XI–IV,
Staller Sattel XI–V,
Passo del Zovo XII–III,
Passo di Pura XI–IV

 Sehenswertes
Lienz: schöne Altstadt, Schloß Bruck; Kals: Pfarrkirche mit got. Kapelle (Fresken); Dereggental: Kirchen in St. Veit und St. Jakob

 Kurzbeschreibung
Im Iseltal-Felbertauern bis Huben und auf der Kalser Glocknerstraße zum Fuß des Großglockner. Huben ist auch der Ausgangspunkt für die kurvenreiche Fahrt durch das romantische Defereggental hinauf zum Staller Sattel und durchs Antholzer- ins Pustertal. Von San Cándido folgen wir der Strada delle Dolomiti Carniche bis Comélico. Über den Passo del Zovo, die Sella Ciampigotto, und das Val Pesarina erreichen wir bei Paluzza die 52 bis zum Plöckenpaß. Von hier geht's über den Gailbergsattel zurück nach Lienz.

Wer von Lienz aus dem Großglockner schneller nahe sein möchte, nimmt die aussichtsreiche Panoramastraße von Huben aus durchs Kalsertal. Schon nach wenigen Kilometern hat man den Glockner im „Visier", und wenn man zurückschaut, beherrscht die schneebedeckte Schobergruppe die Szenerie. In Kals-Burg beginnt die 7 km lange Mautstraße zum Neuen Lucknerhaus. Wer jetzt noch weiter will, muß die Ausrüstung für eine siebenstündige Hochalpintour dabeihaben.

Auch die kleine „gelb-grüne" Alternative durchs reizvolle Defereggental nimmt in Huben ihren Ausgang und führt auf „motorradliger" Strecke zum Talende und in einigen Kehren zum Hochtal mit dem kleinen Obersee kurz vor der Grenze

Am Ende der Kalser Glocknerstraße ist man dem Glockner zwar nahe, aber sein Gipfel ist von Wolken verhüllt.

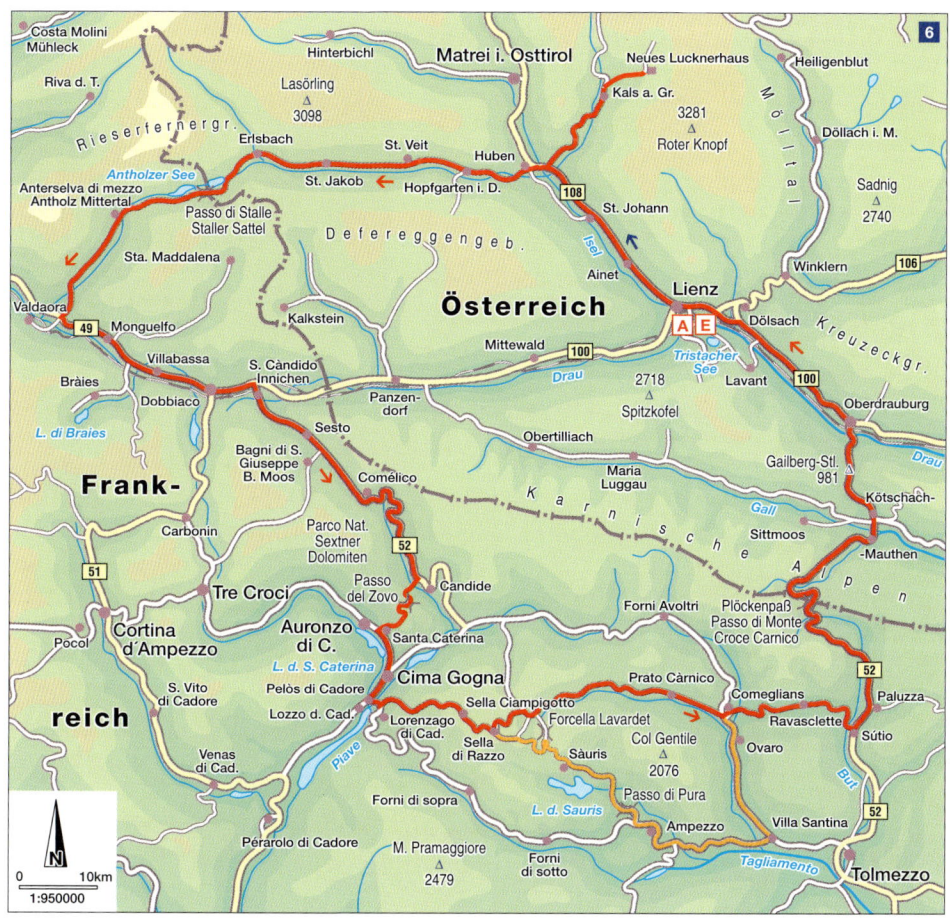

am Staller Sattel. Wegen der einspurigen Abfahrt ins Antholzertal ist die Strecke in dieser Richtung nur in den ersten 15 Minuten einer Stunde befahrbar. Wir haben es wieder einmal nicht geschafft, pünktlich hier zu sein und nutzen die Wartezeit für ein erfrischendes Bad im kühlen Obersee. Nach der anfangs engen und kehrenreichen Waldstrecke schwingen wir dann auf der gut ausgebauten Straße ins grüne Antholzertal hinein, dem behäbig vor uns liegenden Kronplatz entgegen, im Rücken die

eindrucksvollen Berge der Riesenfernergruppe. In dieser harmonischen Umgebung wollen wir bleiben; im Gasthof Messnerwirt in Antholz, gleich neben dem Kirchlein mit dem sehenswerten Pacheraltar, sind Motorradfahrer gern gesehene Gäste. Und sind einmal alle Betten belegt, dann schafft die findige Wirtin noch Platz im Heu über dem Kuhstall! Am Ende des Antholzertales treffen wir im Pustertal auf die Grande Giro delle Dolomiti, der wir nach Osten bis nach Dobbiaco folgen.

ROADBOOK: Motorradtouren in den Alpen

Tour 6	Region: Osttirol, Südtirol, Karnische Alpen Etappe: Lienz – Lienz	Karten: Generalkarte Italien 3 Brenner, Venedig, Triest

Nr./km	Road	Position	Richtung	Information
1	108	Lienz	108 Felbertauern	Lienz: schöne Altstadt, Schloß Bruck / Brauereigasthof Falkenstein, Pustertalerstr. 40, Lienz, Tel. 0 48 52/6 22 70
2 / 19	108	Huben	Kalser Glocknerstraße Kals	
3 / 20		Kals, Kalser Glocknerstr., Neues Lucknerhaus (XI–V), Dorfer Tal (XI–IV)		Großglockner-Blick / Kals: Pfarrkirche mit gotischer Kapelle und Fresken (1520)
4 / 20	Hu-ben	Huben – Defereggental	Staller Sattel	Defereggental; St. Veit: Pfarrkirche, St. Jakob: Kirche St. Leonhard / Gasthaus Oberweissen, St. Jakob, Tel. 0 48 73/53 32
5 / 34		Staller Sattel (XI–V, 21–7 Uhr)		2052 m / Einbahnverkehr – in dieser Richtung nur die ersten 15 Minuten einer Stunde offen!
6 / 23	49	Antholzertal Kreuzung 49	49 Dobbiaco	Gasthof Messnerwirt, Antholz, Tel. 04 74/49 21 44
7 / 22	49	San Cándido	52 pso di Monte Croce	
8 / 25	52	Comélico	352	
9	532	Passo del Zovo (XII–III)		
10 / 15	532 48	St. Caterina Kreuzung 48	48 Belluno	
11 / 5,5	48	Pelòs di Cadore	52 pso Máuria	
12 / 1,5	52	Lorenzago di Cadore	In der Ortsmitte scharf links Vigo di C., Lággio di C., Sella di Razzo	
13 / 9	619	Sella Ciampigotto		1290 m
14 / 4	619	Sella di Razzo	V	1760 m / V Sauris di Sopra, Lago di Sauris, Passo di Pura (XI–IV), Ampezzo, Villa Santina, Ovaro, Comeglians (+ 20 km)
15 / 3	619 465	Forcella Lavardêt		1542 m
16	465	Prato		
17 / 19	465 355	Kreuzung vor Comeglians	355 / nach 500 m 465 Comeglians	
18 / 13	465 52bis	Sútrio vor Paluzza	52bis	
19 / 17	52bis	Plöckenpaß	110	1357 m
20 / 13	110	Kötschach-Mauthen	110	

Eine „motorradlige" Strecke führt durch das reizvolle Defereggental zum Staller Sattel.

Diese noch im Ausbau befindliche, stark frequentierte Strecke läßt uns kaum Zeit, die ständig wechselnden Ausblicke auf die nahen Dolomiten aufzunehmen. In Niederndorf nutzen wir einen kleinen Schotterweg nach rechts, um dem zähfließenden Verkehrsstrom für kurze Zeit zu entrinnen. Wir enden am Rand einer riesigen Löwenzahnwiese, die nach Westen das Tal bis Bruneck auszufüllen scheint, und im Osten bis zu den Sextener Dolomiten reicht.

In San Cándido ist mit dem Beginn der Strada delle Dolomiti Carniche auch der Verkehr weniger geworden. Auf der von Lerchenwäldern begleiteten Strecke öffnet sich einmal der Blick über eine Bergwiese mit parkartig stehenden Lärchen auf ein bizarres Bergmassiv, das uns an die Tre Cime erinnert, aber die liegen ja etwas weiter südlich. Was vor uns liegt, sind die Cima Tre Scarperi, der Hausberg von Sesto. Über den waldreichen Passo di Monte Croce (1636 m) schwingen wir durch herrliche Kurven hinunter nach Comélico, den Startpunkt für den Passo del Zovo.

In Santa Caterina treffen wir auf die 48 und folgen ihr bis Pelòs di Cadore, dem Einstiegspunkt zur Sella Ciampigotto. Zuerst fahren wir auf der 52 Richtung Passo di Máuria bis zur Abzweigung in der Ortsmitte von Lorenzago di Cadore zur Sella di Razzo über Laggio di Cadore. Durch ein bewaldetes Tal kommen wir zur kehrenreichen Westrampe, und hier beginnt das überwiegend zu Schotter gewordene und mit Löchern übersäte Teersträßchen zur Sattelstrecke der Sella Ciampigotto. Zwischen weidenden Kuhherden und auf einem Slalom durch Kuhfladen gelangt man zur Sella di Razzo, wo in der Malga di Razzo die Milch zu Formaggio, Burro und Ricotta verarbeitet und dem „Wanderer" angeboten wird.

Eine grandiose Inszenierung für Augen und Sinne bieten der Monte Crissin (2495 m), der Monte Bretoni (2548 m) und der Monte Terza

Plöckenpaß: Die in den Fels geschlagene Trasse führt in vielen schön zu fahrenden Kehren und durch einige Tunnel auf die Paßhöhe.

Nr. km	Road	Position	Richtung	Information	
21	110	Gailbergsattel	⬆	981 m	⇖
22 9	110 100	Oberdrauburg	100 ⬅	Gasthaus Post, Oberdrauburg Tel. 0 47 10/2 26 70	🌙
23 20	100	Lienz			

Interessant ist die an der Sella di Razzo abzweigende Variante nach Sauris di Sopra und den Lago di Sauris zum Passo di Pura. Über Ampezzo und Villa Santina erreichen wir Comeglians.

Für unseren Weg über die Karnischen Alpen benützen wir von Paluzza eine der wichtigen Nord-Süd-Verbindungen über den Plöckenpaß. Auf italienischer

grande (2585 m), wie sie sich hier im Halbrund vor uns ausbreiten.

Unsere Route führt über die wenig spektakuläre Forcella Lavardêt – die hier abzweigende Straße nach Santo Stéfano ist seit längerem gesperrt – auf einem kurvenreichen, wenig befahrenen Sträßchen hinunter ins reizvolle, kaum touristische Val Pesarina durch alte Orte mit stilvollen Häusern und vorbei am schiefen Turm von Prato bis nach Comeglians.

Seite besticht die in den Fels geschlagene Trasse, die in vielen schön zu fahrenden Kehren und durch einige Tunnels die Paßhöhe erklimmt.

Im oberen Teil der Nordabfahrt zeichnen sich die Vorhaben der österreichischen Straßenbauer ab, die auch diesem Paß den „Charme" kosten werden! Im Moment ist sie noch „geil", die Fahrt ins Gailtal!

Auf gut ausgebauter Straße fahren wir hinunter ins grüne Antholzertal; vor uns liegt das bekannte Skigebiet um den Kronplatz.

Auf dem Weg zur kehrenreichen Westrampe der Sella Ciampigotto.

WEITERFÜHRENDE INFORMATIONEN

Günstige Übernachtung

Brauereigasthof Falkenstein
Pustertalerstr. 40
Lienz
Tel. 0 48 52/6 22 70

Gasthaus Oberweissen
St. Jakob
Tel. 0 48 73/53 32

Gasthof Messnerwirt
Anterselva (Antholz)
Tel. 04 74/49 21 44

Gasthaus Post
Oberdrauburg
0 47 10/2 26 70

Wetter

5-Tage-Vorhersage
Tourenfahrer-Wetterservice

Tel. 01 90/27 03 95
(nur von Deutschland aus erreichbar)
Code für Wien: 136
Code für Innsbruck: 132
Code für Bozen: 234
Code für Venedig: 216
Kosten: DM 1,20 pro Minute

Auskunft

Österreich Information
Postfach 1231
D-82019 Taufkirchen
Tel. 0 89/66 67 01 00,
Fax 0 89/66 67 02 00
(Mo – Fr 9 – 17 Uhr)

Der gute Rat

Mit der Sonne im Rücken erlebt man die Landschaft im besten Licht, ohne geblendet zu werden. Wenn möglich, sollte das bei der Tourenplanung berücksichtigt werden!

Durch die südlichen Dolomiten – von Lozzo di Cadore nach Corvara

 Ausgangsort
Lozzo di Cadore

 Zielort
Corvara

 Gesamttourenlänge
200 km

 Zeitbedarf
1 Tag

 Anschluß
Tour 6 über Toblach, Auronzo;
Tour 8 in Corvara

 Pässe geschlossen
Passo Duran XII – IV,
Malga Venegiotta XI – VI,
Passo di Fedáia X – IV

Kurzbeschreibung
Mit den weniger bekannten, aber interessant zu fahrenden Pässen Cibiana, Duran und di Valles beginnt die Tour in den südlichen Dolomiten. In Canazei setzen wir sie mit der Paßstraße zum Passo di Fedáia, den faszinierenden Ausblicken auf die Marmolada und dem Spektakel in der Serra di Sottoguda fort. Den krönenden Abschluß bilden die landschaftlich spektakulären Dolomitenpässe Pordoi, Sella und Gardena. Sie liegen teilweise an wichtigen Verkehrswegen und sind in der Hauptreisezeit deshalb viel befahren.

Durch das Tal der Piave erreichen wir bei Pieve di Cadore den Einstieg zu den weniger bekannten Paßstraßen in den südlichen Dolomiten. Bis Venas di Cadore folgen wir der 51 nach Cortina und übersehen beinahe die Abzweigung zur Forcella Cibiana. Die kleine „Grüngelbe" überwindet gleich nach dem Ort die tiefe malerische Schlucht des Valle di Cadore auf einer recht baufällig wirkenden Brücke und gelangt auf der von Laubwald gesäumten Strecke zum nicht sehr spektakulären höchsten Punkt; aber das haben die Forcas und Forcellas oft so an sich!

Das kleine Schottersträßchen, das sich hier rechts zum Monte Rite hinaufschlängelt, bietet dagegen herrliche Ausblicke auf die umliegenden Berge. Die rot-weiß gestreifte Schranke am Anfang steht offen, und so ignorieren wir das Verbotsschild, das allen motorisierten Fahrzeugen die Weiterfahrt untersagt. In Forno di Zoldo erfahren wir bei einem Espresso, daß es 150 000 Lire kostet, wenn man dabei erwischt wird. Der Patrone interessiert sich für unsere Motorräder und erkennt im Roadbook unser nächstes Ziel, den Passo Duran. „Der ist wegen Bauarbeiten total gesperrt", erklärt er und empfiehlt den Weg über die Forcella Staulanza mit dem alles beherrschenden Monte Pelmo zur Rechten; eine landschaftlich reizvolle, „motorradlige" Paßstraße, wie wir dabei feststellen. Auch als wir Ende Juli zum Duran zurückkehren, müssen wir an der ampelgeregelten Bau-

stelle warten. Hier entsteht eine deutlich breitere Trasse, die wohl allmählich den Rest der urigen, schmalen Straße ersetzen wird. Aber auch nach dem vollendeten Ausbau wird die abwechslungsreiche, von viel Wald, aber auch hohen Bergen begleitete Paßstraße zu den schönsten in den südlichen Dolomiten zählen.

Passo di Sella: Herrliche Kurven und die faszinierende Kulisse des Sasso Lungo.

Obwohl der Duran auch zu dieser Jahreszeit wenig befahren ist – für Lkw und Busse besteht ein grundsätzliches Fahrverbot – stehen vor den beiden Refugios auf der Paßhöhe einige Motorräder und viele Autos. Wir haben Pech, alle Betten sind vergeben! Wir schwingen uns also wieder auf die Motorräder und fahren hinunter ins malerische, von markanten Bergen umgebene Agordo. Auf der schönen Piazza gibt es nicht nur den Palazzo Crotta aus dem 17. Jh., sondern auch das originelle Caffe Commercio. Hier schlürfen wir genüßlich den längst fälligen Espresso!

In Falcade entscheiden wir uns für die „Grüne" zum Passo di Valles und werden belohnt mit einer großartigen Fernsicht! Vom Paß geht es weiter über den Passo di Rolle und Predazzo nach Canazei.

Es ist schon spät, als wir in Canazei ankommen. Die meisten Hotels haben im Mai noch geschlossen, aber im Hotel Bernard sind wir willkommen. Beim Abendessen sitzen wir am großen Fenster mit dem Blick auf die Marmolada im stimmungsvollen Licht der unter-

ROADBOOK: Motorradtouren in den Alpen				
Tour 7	Region: Veneto, Dolomiten / Etappe: Lozzo di Cadore – Corvara			Karten: Generalkarte Italien 3 / Brenner, Venedig, Triest
Nr./km	Road	Position	Richtung	Information
1	bis 51	Lozzo di Cadore	↑	
2 / 11	51	Pieve di Cadore	→ Cortina	
3 / 6	51 347	Venas di Cadore	Am Ortsende scharf links ← Forcella Cibiana	
4	347	Passo Cibiana	↑	1530 m
5 / 12	347	Forno di Zoldo	↑	
6 / 3	347 251	Villa	347 ↑ pso Duran	
7	347	Passo Duran (XI–V)	↑	1601 m / Rifugio San Sebastiano, pso Duran, Tel. 04 37/6 23 60
8 / 15	347 203	Agordo	→ 203	Schöner alter Ort / Palazzo Crotta 17. Jh. / An der Piazza: Caffe Commercio
9 / 10	203 346	Cencenighe	346 ← Canale Falcade	
10 / 11	346	Falcade	pso di ↑ Valles V	V Über pso San Pellegrino nach Moena
11 / 9		Passo di Valles	↑	2033 m / Rifugio Capanna, Passo Valles Tel. 04 37/59 94 60
12 / 3		Abzweigung nach ca. 3 km	V ↑	V Über Malga Venegiotta 1824 m (XI–VI) und Costazza 2290 m zum pso di Rolle 1970 m
13 / 15	50 48	Predazzo	↑ 48 Canazei	
14 / 26	48	Canazei	641 ↑ pso di Fedaia	Hotel Bernard, Canazei, Via Dolomiti, Tel. 04 62/6 11 12
15	641	Passo di Fedáia (XI–V)	↑	2057 m
16	641	Pián-Sottoguda	Serrai di ← Sottoguda	Nach dem Ortsschild Pián scharf links in den schönen alten Ort und weiter zur Schlucht fahren – Einbahnstraße durch die Schlucht!
17 / 22	641	Rocca Piétore	Laste ← Digonera	
18 / 9		Kreuzung 48	48 ← Arabba pso Falzarego pso Pordoi	
19	48	Passo Pordoi	nach ca. 3 km ↑ pso di Sella 242	2239 m
20 / 16	242	Passo di Sella	↑	2214 m

gehenden Sonne – die richtige Ein-stimmung auf den nächsten Tag.

In Canazei wirken die Wegweiser „Fedáia, Marmolada" überflüssig ange-sichts der schneebedeckten Riesen, die unseren nächsten Zielpunkt markieren. Auf der breiten Straße, die sich in sanf-ten Kurven zum Lago di Fedáia und zur Paßhöhe hinaufschlängelt, hat man Zeit, das imposante Massiv näher zu betrachten. In schönen Kurven schwingt man hinunter durch Weide-land und das reizvolle Hochtal und überquert kurz vor Sottoguda die wild-romantische Serrai di Sottoguda.

Der Eilige kann von der Brücke nach dem Tunnel die Schlucht sehr gut von oben betrachten.

Passo Pordoi mit ständig wechselnden Ausblicken auf die eisbedeckte Mar-molada.

Ein kleines Schottersträßchen schlängelt sich zum Monte Rite hinauf und bietet einen herrlichen Ausblick auf die umliegenden Berge.

Nr. km	Road	Position	Richtung	Information
21 / 6	242 243	Kreuzung	↱ **243** pso Gardena Val Badia	
22	243	Passo di Gardena	↑	2121 m ❄
23 / 18		Corvara		Pension Villa la Fontana, Alta Badia, Corvara, Tel. 04 71/83 67 07 ➦

Kurz nach dem Ortsschild von Pián scharf links beginnt die nur in dieser Richtung befahrbare alte Paßstraße. Wir folgen dem Wegweiser „Sottoguda – Serrai di Sottoguda" und kommen auf der engen Straße zuerst durch den malerischen Ort mit vielen schönen Holzhäusern, bevor wir den spektakulären Felsdurchbruch erreichen.

Arabba ist dann unser Ausgangspunkt für die Umrundung des imposanten Sella-Massivs. In einer Kurven- und Kehrenorgie schwingen wir durch grüne Matten das Hochtal hinauf zum Passo Pordoi, mit immer neuen Ausblicken auf die eisbedeckte Marmolada zur linken und den mächtigen Sellastock rechts von uns. Wer Zeit hat und Lust verspürt auf den „Überblick", der schwebt mit der Kabinenbahn zum 2950 m hohen Sasso Pordoi. Wir aber nehmen die weiteren 33 Kehren unter die Räder und den nächsten „Hochpunkt" dieser faszinierenden Panoramafahrt ins Visier. Am Passo di Sella besticht nicht die Zahl der Kurven, sondern die ständig wechselnde Szenerie, die schrittweise alles Sehenswerte vorführt: von der eisbedeckten Marmolada im Südosten bis zum Sasso Lungo im Nordwesten.

Wieder neue Bergkulissen erwarten uns am Passo di Gardena und bei der Fahrt ins grüne Val Badia mit dem alles beherrschenden Sassóngher.

Sella Ronda: eine Kurven- und Kehrenorgie durch grüne Matten hinauf zum Passo Pordoi.

Passo di Giau: Die großzügig angelegten Kehren der Südrampe ermöglichen fast grenzenlosen Kurvenspaß!

WEITERFÜHRENDE INFORMATIONEN

 Günstige Übernachtung

Rifugio San Sebastiano
Passo Duran
Tel. 04 37/6 23 60

Rifugio Capanna
Passo Valles
Tel. 04 37/59 94 60

Hotel Bernard
Via Dolomiti
Canazei
Tel. 04 62/6 11 12

Pension Villa la Fontana
Alta Badia
Corvara
Tel. 04 71/83 67 07

 Wetter

5-Tage-Vorhersage
Tourenfahrer-Wetterservice
Tel. 01 90/27 03 95
(nur von Deutschland aus erreichbar)

Code für Innsbruck: 132
Code für Bozen: 234
Code für Venedig: 216
Kosten: DM 1,20 pro Minute

 Auskunft

Alto Adige/Südtirol
Assessorato Regionale al Turismo
Via Raiffeisen 5
I-3910 Bozen
Tel. 04 71/99 36 66, Fax 04 71/99 36 99

Veneto
Assessorato Regionale al Turismo
Palazzo Balbi – Dorsoduro 3901
I-30123 Venezia
Tel. 0 41/79 28 32-54, Fax 0 41/79 28 60

 Der gute Rat

Wer die spektakulären Pässe der Dolomitenrundfahrt ohne die bremsenden Busse und Wohnmobile erleben möchte, der muß entweder früh aufstehen oder von Mai bis Mitte Juli bzw. im September hierher kommen.

SÜDTIROL UND NÖRDLICHE DOLOMITEN – VON CORVARA NACH ST. JAKOB IM PFITSCHTAL

A Ausgangsort
Corvara

Z Zielort
St. Jakob im Pfitschtal

km Gesamttourenlänge
250 km

Zeitbedarf
1 Tag

Anschluß
Tour 7 in Corvara;
Tour 9 in Sterzing;
Tour 6 in Valdaora-Olang

Pässe geschlossen
Passo di Giau XII – IV,
Tre Cime di Lavaredo X – V,
Würzjochpaß X – V,
Plose X – VI,
Pfitscher Joch X – VI

Sehenswertes
Brixen: schöne Altstadt, Dom, Kreuzgang, Hofburg

Kurzbeschreibung
Über den Passo di Valparola und den Passo di Falzarego erreichen wir den extrem „motorradligen" Passo di Giau und kehren vor Cortina d'Ampezzo wieder auf die Grande Giro delle Dolomiti zurück, auf der wir den Passo Tre Croci sowie den Misurina-See berühren und mit dem Abstecher zu den Tre Cime und der Fahrt durch das Höhlenstein-Tal bei Valdaora-Olang wieder verlassen. Den Kronplatz umrunden wir auf dem Furkelsattel und nehmen vor San Martino die Abzweigung zum Würzjochpaß mit dem Abstecher zum Plose. Den Endpunkt erreichen wir am 2251 m hoch gelegenen Pfitscher Joch.

Nach der Seller Runde finden wir die wohnanhängerfreundlichen Paßstraßen über den Valparola und den Falzarego etwas ernüchternd, obwohl auch hier reizvolle Passagen und herrliche Ausblicke auf die Marmolada und bis ins Tal nach Cortina geboten sind. Auch zwei berühmte Berge, der kleine Lagazui und der Col di Lana liegen auf unserem Weg. Sie könnten viel erzählen von der Grausamkeit der Schlachten im Ersten Weltkrieg und von der Zerstörung, mit der wir Menschen hier der natürlichen Erosion kräftig nachgeholfen haben. Der atemberaubende „Flug" zum kleinen Lagazui, mit der Schwebebahn vom Falzarego aus, und der faszinierende Panoramablick lassen uns das schnell vergessen.

Am Falzarego folgen wir der 48 in südlicher Richtung bis nach Cernadoi und über den Colle Santa Lucia zum Passo di Giau. Er zählt zu den weniger befahrenen Dolomitenpässen, weil er an keiner Hauptroute liegt. Wir können also völlig ungestört die großzügig angelegten Kehren der Südrampe „hinaufziehen" und dabei noch die beiden markanten Gipfelberge, den M. Averau und den M. Gusella im Auge behalten. Auf dem Weg und oben auf der Paßhöhe treffen wir viele Gleichgesinnte! Wir bleiben länger als eine normale Espressopause und lassen uns einfangen von der kontrastreichen Szenerie – grüne Matten, schroffe Felsen – und der faszinierenden Fernsicht.

Zurück auf der Grande Giro delle Dolomiti lassen wir Cortina und den kaum erwähnenswerten Tre Croci schnell hinter uns, denn wir wollen zu den Tre Cime Lavaredo und biegen deshalb kurz nach dem malerisch gelegenen

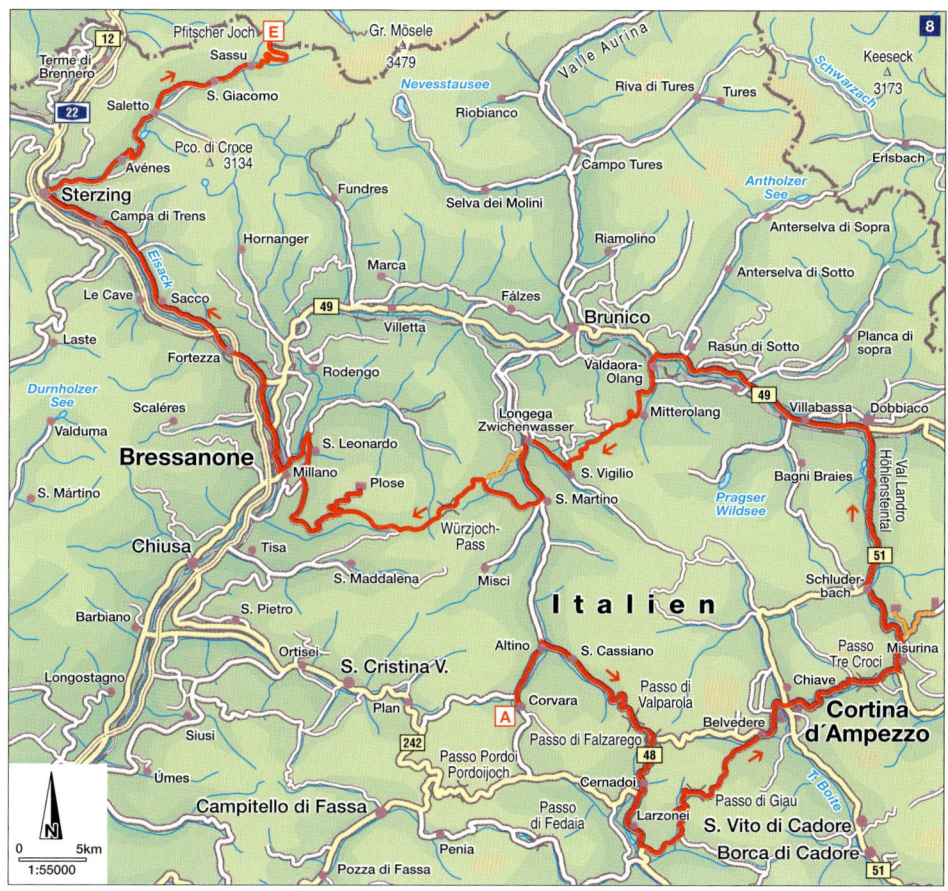

Misurina-See rechts ab. Es ist noch Mai, und wir haben die Angabe der Paßsperre in unserer Karte (Okt.–Mai) nicht ernstgenommen. Nun müssen wir uns mit dem Ersatz zufrieden geben: Wir bestellen im Restaurant an der Straße nach Dobbiaco und mit Blick auf die Tre Cime ein Panino-Salame und einen Espresso doppio und betrachten die drei Zinnen aus bequemer Distanz.

San Martino, den Einstieg zum Würzjoch, findet man von der 49 am leichtesten durchs Gadertal. Wir wollen möglichst schnell dem dichten Verkehr entkommen und verlassen die Grande bereits in Valdaora-Olang. Über den Furkelsattel und um den Kronplatz herum bis nach San Vigilio windet sich die kleine „Doppelgraue", durch Wiesenhänge und Wald; bei Zwischenwasser sind wir im Gadertal und nach 4 km in San Martino.

„Würzjoch – Brixen" ist die Richtung, der wir auf dem schmalen Sträßchen durch sattgrüne Weideflächen, blühende Bergwiesen und Fichtenwald folgen, mit ständig wechselnden Ausblicken auf die Berge im Süden. Da werden sie

ROADBOOK: Motorradtouren in den Alpen

Tour 8	Region: Dolomiten, Südtirol / Etappe: Corvara – St. Jakob im Pfitschtal		Karten: Generalkarte Italien 3 / Brenner, Venedig, Triest	
Nr./km	**Road**	**Position**	**Richtung**	**Information**
1	244	Corvara	↑	Villa la Fontana, Alta Badia, Corvara, Tel. 0471/83 60 00
2 / 5	244	Altino	pso di Valparola / pso di Falzarego	
3		Passo di Valparola	↑	2192 m Schwebebahn zum kleinen Lagazui, 2778 m
4 / 16	48	Passo di Falzarego	[48]	2105 m
5 / 5	48 / 203	Cernadoi	[203] Agordo	
6 / 4	203 / 638	Kreuzung	[638] Selva di Cadore Colle Santa Lucia	
7 / 15	638	Selva di Cadore	[638]	
8 / 10	638	Passo di Giau (XII–IV)	↑	2233 m Monte Averau, 2648 m Monte Gusella
9 / 10	638 / 48	Belvedere	[48]	
10 / 4	48	Cortina d'Ampezzo	[48]	
11	48	Passo Tre Croci	↑	1809 m
12 / 9	48bis / 48	Kreuzung	[48bis]	
13 / 2,5	48bis	Misurina	[A]	Lago die Misurina, Tre Cime di Lavaredo, <8 km>, (X–V), 2998 m; Monte Piana, <7 km>, (XI–V), 2324 m
14 / 8	48bis	Schluderbach	[51]	
15 / 12	51 / 49	Dobbiaco	[49]	
16 / 18	49	Abzweig. bei Valdaora-Olang	S. Vigilio Furkelpaß Mitterolang	Gasthof Messnerwirt, Antholz/Anterselva, Tel. 0474/49 21 44
17 / 3,5		Mitterolang	S. Vigilio Furkelpaß	
18 / 8,5	244	S. Vigilio	Bruneck	
19 / 3	244	Zwischenwasser	Corvara	Abkürzung nach Untermoi 4,5 km (9 km); kurz nach Zwischenwasser rechts
20 / 4	244	San Martino	pso delle Erbe Brixen Würzjoch	

uns im Licht der untergehenden Sonne vorgeführt: der Peitlerkofel und die Geislerspitzen, ein grandioses Spektakel, das wir bis zum Ende beobachten wollen.

Im Hotel Aurora in Palmschloß – eines der wenigen am Plose, das Ende Mai schon offen hat – können wir bleiben. Und obwohl wir die einzigen Gäste sind, heizt die Wirtin den Küchenofen für uns. Beim Abendessen haben wir „den Platz in der ersten Reihe" und die Geislerspitzen vor uns, bis die Dunkelheit sie verschluckt.

Bei unserer Abreise am Morgen, kurz bevor der Weg ins Tal nach Norden schwenkt, sehen wir sie wieder; aber bei diesem Licht wirken sie unnahbar und ganz weit weg. Auf der durch Wälder und Wiesenhänge führenden Talfahrt verbreitert sich die Straße zusehends, und bald erreichen wir Brixen, die alte Bischofsstadt mit interessanter Geschichte. Eine Tour d'Horizon auf

Durchs Gadertal erreichen wir über San Martino den Einstieg zum Würzjochpaß.

Idyllisch gelegen, aber viel besucht: der Pragser Wildsee am Ende des Pragser Tales.

Nr. km	Road	Position	Richtung	Information	
21 4,5		Untermoi	➡		
22		Würzjoch-Pass pso delle Erbe (X–V)	⬆	2006 m	🎿
23 9		Abzweigung	➡	Plose Brixen	
24 8		Plose (XI–V)	⬆	2447 m Hotel Aurora Palmschloß, Tel. 04 72/52 13 23	
25 20	12	Brixen	➡ [12]	Schöne Altstadt, Dom, Kreuzgang, Hofburg	
26 29	12	Sterzing	➡ [508] Sankt Jakob		
27 20	508	Sankt Jakob im Pfitscher Tal	⬆	Vor St. Jakob: Albergo/Gasthof, Pfitscherhof-Platz, Tel. 04 72/6 01 15	
28 13		Pfitscher Joch (X–VI)		2251 m	🎿

frech wirkenden (in den Himmel ragenden) Türmen romanischen Ursprungs. Sehenswert ist auch der Kreuzgang mit den Gewölbefresken (1390–1510). Wir eilen nach Sterzing. Am Ende des malerischen Pfitschtales wartet der nächste Hochpunkt auf uns: Die gut ausgebaute Schotterpiste zum 2251 m hochgelegenen Pfitscher Joch.

Doch vorher muß man das schöne Tal auf der recht breiten, wenig einfühlsam geführten Straße hinter sich bringen. Kurz vor St. Jakob schrumpft sie auf vernünftige Maße, und ab Stein wird's dann interessant. Wir dürfen an dem weißen Schild mit dem roten Rand selbst entscheiden, ob wir auf eigenes Risiko die kleine Schotterstraße nach oben düsen wollen. Wir wollen und werden dafür belohnt: Umgeben von den zum Teil eisbedeckten Dreitausendern sitzen wir mitten auf dem Pfitscher Joch in der Sonne und genießen den herrlichen Ausblick bei einer deftigen Brotzeit.

dem Motorrad scheitert an der Fußgängerzone, also stellen wir unsere Motorräder auf einen der Parkplätze im Zentrum. Von hier wandern wir durch die schöne Altstadt zum Domplatz und bestaunen den die Szene beherrschenden barocken Dom mit den beiden

Hier endet für Motorradfahrer die gut ausgebaute Schotterpiste zum 2251 m hoch gelegenen Pfitscher Joch.

Gemütliche Rast mit Blick auf die Tre Cime Lavaredo.

WEITERFÜHRENDE INFORMATIONEN

 Günstige Übernachtung

Villa la Fontana
Alta Badia, Corvara
Tel. 04 71/83 60 00

Gasthof Messnerwirt
Antholz/Anterselva
Tel. 04 74/49 21 44

Hotel Aurora
Palmschloß
Tel. 04 72/52 13 23

Gasthaus Pfitscherhof
Platz-Pfitscher Tal
Tel. 04 72/6 01 15

 Wetter

5-Tage-Vorhersage
Tourenfahrer-Wetterservice

Tel. 01 90/27 03 95
(nur von Deutschland aus erreichbar)
Code für Innsbruck: 132
Code für Bozen: 234
Code für Venedig: 216
Kosten: DM 1,20 pro Minute

 Auskunft

Alto Adige/Südtirol
Assessorato Regionale al Turismo
Via Raiffeisen 5
I-3910 Bozen
Tel. 04 71/99 36 66,
Fax 04 71/99 36 99

Veneto
Assessorato Regionale al Turismo
Palazzo Balbi
Dorsoduro 3901
I-30123 Venezia
Tel. 0 41/79 28 32-54,
Fax 0 41/79 28 60

GLETSCHERTOUR DURCH DIE ÖTZTALER UND STUBAIER ALPEN – VON STERZING NACH SCHÖNBERG IM STUBAITAL

 Ausgangsort
Sterzing

 Zielort
Schönberg im Stubaital

 Gesamttourenlänge
428 km

 Zeitbedarf
1–2 Tage

 Anschluß
Tour 8 in Sterzing,
Tour 10 in St. Leonhard,
Tour 3 in Landeck

 Pässe geschlossen
Jaufenpaß/Passo di M. Giovo XI – IV,
Timmelsjoch/Passo di Rombo XI – V,
Ötztaler Gletscherstraße XII – IV,
Kaunertaler Gletscherstraße XI – V,

 Sehenswertes
Sterzing: schöner alter Ort, Schnitzaltar
(H. Multscher), Zwölferturm mit Sonnenuhr;
Wenns: historische Häuser mit Fassadenmalerei;
Kaus: Burg Berneck, got. Kapelle, Fresken (1437),
Wallfahrtskirche; Ötz: hist. Ortskern, Glocken-
gießerhaus, Gasthaus Stern, Pfarrkirche; Fulpmes:
techn. Denkmäler (geöffnet VI – IX, Mi 14 – 17)

Kurzbeschreibung
Sterzing an der Brennerstraße ist der
Ausgangspunkt für diese Pässe-Täler-Gletscher-
Tour. Sie führt über Jaufenpaß und Timmelsjoch zu
den Ferner-Gletschern bei Söll im Ötztal und im
Kaunertal und über den Kühtaisattel zu den
Gletscherbergen im Stubaital.

Als Anfangs- und Endpunkt der Brenner-Paß-
straße und Knoten für viele schöne Touren ist
Sterzing ein Begriff, aber wer kennt schon den
Ort? Durchgefroren von der langen Anreise,
finden wir hier den passenden Stop für eine
wärmende Espressopause und entdecken das
Flair dieses schönen alten Ortes. Bemerkens-
wert sind der bekannte Zwölferturm und seine
Sonnenuhr. Sie zeigt noch nichts an, aber
unsere Uhren mahnen zum Aufbruch; denn
wir haben uns mit der großen Gletscher-Tour
für heute viel vorgenommen!

Zum Jaufenpaß führt noch eine der urigeren Paßstraßen, zwar durchgehend bis St. Leonhard geteert, aber auf der kaum geänderten, ursprünglichen Trasse. Die Auffahrt von Sterzing schlängelt sich in unzähligen Kehren und fast ständig von Wald begleitet zur Paßhöhe. Kurz vorher, aber oberhalb der Waldgrenze, erreichen wir das Staufenhaus, einen beliebten Treffpunkt für Biker. Von hier und von den letzten Kehren reicht der Blick zurück in die Täler um Sterzing und die angrenzenden Berge. Auf der Paßhöhe öffnet sich der Blick nach Südwesten auf die schnee- und eisbedeckten Berge der Ötztaler Alpen. Wir treffen viele Gleichgesinnte, die diese herrliche Aussicht genießen und das „Gipfelerlebnis" im Bild festhalten.

Herrlicher Blick von der Paßhöhe des Jaufen auf die schneebedeckten Gipfel der Ötztaler Alpen.

Timmelsjoch: Über die Südrampe mit unzähligen Kehren und längeren Felsentunnels erreichen wir die Paßhöhe.

Noch uriger ist die Fahrt hinunter ins Passeiertal: Die schmale Straße windet sich in dicht gelegten Kehren durch einen steilen Wiesenhang, oft nur gesichert mit einem fragil wirkenden Metallgeländer. Heute treffen wir keine Busse und können deshalb den Weg nach St. Leonhard ungestört genießen. Dieser Ort ist zwar extrem touristisch, aber für einen kurzen Stop gut geeignet: Auf der „Flaniermeile" gibt es einige Cafes, in denen sich's bei einem Espresso oder einem kleinen Imbiß gut in der Sonne räkeln läßt.

Wir wollen das Timmelsjoch noch am Vormittag erreichen und schwenken deshalb gleich am Ortsanfang scharf rechts in die 44b zum nördlichen Passeiertal. Bis vor einigen Jahren konnten wir auch hier über größere

ROADBOOK: Motorradtouren in den Alpen

Tour 9		Region: Südtirol, Tirol Etappe: Sterzing – Schönberg im Stubaital		Karten: Generalkarte Österreich 3 Vorarlberg, Tirol, Südtirol, Oberbayern	
Nr. km	**Road**	**Position**	**Richtung**	**Information**	
1	12 A22	Sterzing	44 pso di M. Giovo	Ridnauntal, Landesbergbau- museum, Erzaufbereitung <26 m>	
				Schöner alter Ort, Zwölferturm, spätgot. Schnitzaltar	
2	44	Jaufenpaß (XI–IV)		1966 m	
3 39	44	S. Leonardo (St. Leonhard)	44b pso di Rombo		
4 29	44b 186	Timmelsjoch (XI–V, 20.00–7.00 Uhr)		2474 m	
5	186	Obergurgl		Haus Christopherus, Obergurgl, Tel. 0 52 56/473	
6 19	186	Zwieselstein	Ventertal		
7 <26>		Vent – Ventertal		1896 m	
				Gasthof Wildspitze, Vent im Ötztal, Tel. 0 52 54/81 19	
8 2	186	nach 2 km Abzweigung	Rettenbach- ferner		
9 <26>		Ötztaler Gletscher- straße (XII–IV)		Rettenbachferner, Tiefenbachferner	
10 3	186	Sölden		Nach 23 km Umhausen Gasthaus-Pension Tauferberg, Niederthai, Tel. 0 52 55/55 09	
11 32	186	Ötz	V	Hier können Sie die Tour fort- setzen; wenn Sie nicht ins Kaunertal wollen, drehen Sie das Roadbook auf Position 18	
12 5	186 171	Kreuzung	171 Imst		
13 9	171	Kreuzung	Arzl im Pitztal		
14 7		Wenns		Im Ortszentrum historische Häuser mit Fassadenmalerei	
15 9		Pillerhöhe		1558 m	
16 5		Kauns – Kaunertaler Gletscherstr. (XI–V)		Burg Berneck got. Kapelle, Fresken (1437), Wallfahrtskirche	
17 32		Gepatsch-Stausee Weißenseeferner (XI–V)		2750 m	
18 67	186	Ötz	Kühtaisattel Nedertal	Historisches Dorfkern: Glockengießerhaus, Gasthaus Stern, Pfarrkirche	
19 16		Kühtaisattel		2017 m Nach 1 km: Wiesberg-Haus Kühtai, Tel. 0 61 34/6 91	
20 19		Rothenbrunn	Grinzens Axams Mutters		

Strecken auf der urigen kleinen Straße durch den Wald fahren, aber davon haben die ehrgeizigen Straßenbauer nicht mehr viel übriggelassen. Dafür erreichen wir um so schneller die schön zu fahrende Südrampe, die sich durch einen Wiesenhang mit schöner Aussicht hinaufschlängelt zu den Felspassagen weiter oben. Dort verschwindet die Straße immer wieder in längeren Felstunnels und erreicht schließlich die Paßhöhe mit 2438 m. Die „Bezwinger" der rund achtzehnhundert Höhenmeter umlagern heute in so großer Zahl den höchsten Punkt und Grenzübergang, daß wir Schwierigkeiten bei der Abfertigung befürchten; aber es wird nur geschaut, geratscht und fotografiert.

Nach dem Grenzbaum geht es auf einer sehr gut ausgebauten, aber einfühlsam durch das Timmelshochtal geführten Straße in „motorradligen" Kurven und Kehren bis zur Mautstelle. Hier hat sich – es ist Mittag – in der Gegenrichtung eine lange Schlange gebildet. Wer zu spät aufsteht, den bestraft das Leben!

Wir fahren ohne Verzögerung auf der noch breiteren Straße bis zum Eingang des Ventertales und bestaunen auf dem Weg die gewaltigen Gletscherberge, die sich nach jeder Kehre mit neuem Profil zeigen. Auch in das malerische Ventertal führt eine gut ausgebaute, aber nicht besonders aufregende Straße. Dafür ist das Tal mit seinem wilden Fluß und der pyramidenartig darüber thronenden Talleitspitze um so reizvoller. „Heerscharen" von Wanderern bevölkern ameisen-

Gut ausgebaut ist die Straße ins reizvolle Ventertal mit der sich pyramidenartig erhebenden Talleitspitze.

Nr. km	Road	Position	Richtung	Information
21 / 15	182	Mutters	→ 182 Brenner	
22 / 10	182	Schönberg im Stubaital	→ 183 Stubaital	
23 / 11	183	Neustift im Stubaital	↑	Fulpmes, techn. Denkmäler, Museum (VI–IX, Mi 14–17) Hotel Capella, Neustift, Tel. 05226/2515 Bauernhof Oberegg, Tel. 05226/2918
24 / 18		Mutterbergalm	↑	
25 / 29	182	Schönberg		

gleich die Wege entlang der Schluchten ins Rofental und zu den Rofenhöfen. Anreiner und Hotelgäste dürfen hierher ein kleines Sträßchen benutzen und ernten dafür die vor-

wurfsvollen Blicke der genervten Wanderer!

Kurz vor Sölden fahren wir links zu den „Fernern" am Ende der Ötztaler Gletscherstraße. Für 65 ATS dürfen wir die Sommerskigebiete im Ötztal aus der Nähe anschauen. Nur wenige Skifahrer nehmen diese Einladung im Sommer ernst und rutschen lustlos über die graue, weiß überzuckerte Eisfläche. Wir schlüpfen noch schnell durch den Gletschertunnel zum Tiefenbachferner und lassen uns nach diesem Ausflug in die Kälte auf der sonnigen Terrasse der Hühnersteign nieder, ganz in der Nähe der Mautstation, und genießen zum Aufwär-

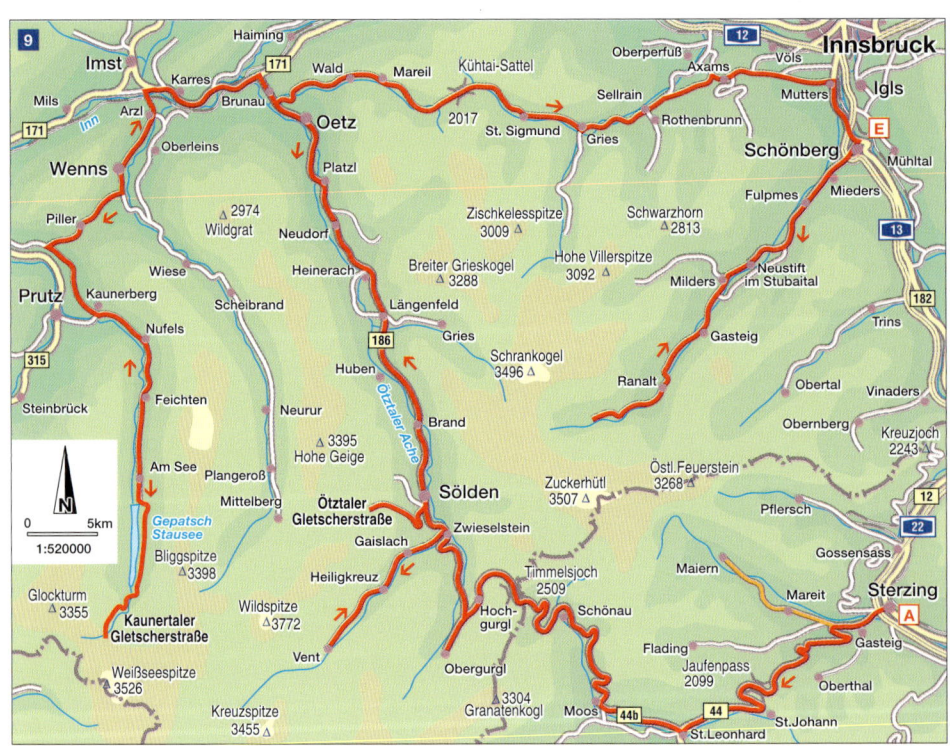

men Apfelstrudel und Kaffee. Faszinierende Ausblicke bis zum Timmelsjoch bietet dann die Fahrt ins Ötztal.

Der größte Gletscher unserer Tour liegt am Ende der landschaftlich äußerst reizvollen Kaunertaler Gletscherstraße, die wir über Imst und die Pillerhöhe bei Kauns erreichen. Noch bevor wir den dominierenden Gletscherberg zu sehen bekommen, überqueren wir das Schmelzwasser seines Gletschers, den wilden Faggenbach, und etwas später erreichen wir seine „Sparbüchse" am Gepatsch-Speicher. Hier beginnt der hochalpine Teil der Strecke zum in 2750 m Höhe gelegenen Bergrestaurant und dem Sommerskigebiet am Weißenseeferner. Auf diesem kehrenreichen Abschnitt – es begegnen uns auch Busse! – gewinnen wir weitere tausend Höhenmeter. Den „Überblick" auf drei Länder sollen wir von

der 3160 m hohen Karlesspitze haben; sie ist mit Sessellift und nach 25minütigem Fußmarsch zu erreichen.

Der letzte Gletscher unserer Tour liegt am Ende des Stubaitales. Von Ötz wählen wir die weniger befahrene, „motorradlige" Bergroute über den Kühtaisattel und das landschaftlich herrliche Sellraintal nach Schönberg am Beginn des Stubaitales.

Es ist eines der reizvollsten Gletschertäler mit den imposanten Bergen der Pfaffengruppe (Zuckerhütl, 3507 m) als Markenzeichen. Diese Kulisse und die günstige Verkehrslage sorgen für große Beliebtheit zu allen Jahreszeiten. Über Neustift erreichen wir durchs Untertal die 1728 m hochgelegene Mutterbergalm. Von hier kann man mit der Gletscherbahn zum nächsten Sommerskigebiet am 2900 m hoch gelegenen Eisgrat entschweben!

WEITERFÜHRENDE INFORMATIONEN

 Günstige Übernachtung

Haus Christopherus
Obergurgl
Tel. 0 52 56/4 73

Gasthof Wildspitze
Vent
Tel. 0 52 54/81 19

Gasthaus-Pension Tauferberg
Niederthai
Tel. 0 52 55/55 09

Wiesberg-Haus
Kühtai
Tel. 0 61 34/5 91

Hotel Capella
Neustift
Tel. 0 52 26/25 15

Bauernhof Oberegg
bei Neustift
Tel. 0 52 26/29 18

 Wetter

5-Tage-Vorhersage
Tourenfahrer-Wetterservice
Tel. 01 90/27 03 95
(nur von Deutschland aus erreichbar)
Code für Innsbruck: 132
Code für Bozen: 234
Kosten: DM 1,20 pro Minute

 Auskunft

Österreich Information
Postfach 1231
D-82019 Taufkirchen
Tel. 0 89/66 67 01 00, Fax 0 89/66 67 02 00
(Mo – Fr 9 – 17 Uhr)

DURCHS WESTLICHE SÜDTIROL UND TRENTINO – VON ST. LEONHARD IM PASSEIERTAL NACH ANFO AM LAGO D'IDRO

 Ausgangsort
St. Leonhard/San Leonardo

 Zielort
Anfo am Lago d'Idro

 Gesamttourenlänge
260 km

 Zeitbedarf
1 Tag

 Anschluß
Tour 9 in St.Leonhard/S.Leonardo,
Tour 11 in Idro

 Pässe geschlossen
Passo di Croce Domini X–VI,
Giogo della Bala XI–V,
Goletto delle Crocette X–V,
Monte Maniva X–V,
Passo del Maniva XI–V,
Passo della Spina XI–V

Sehenswertes
Meran: schöne Altstadt, Laubengasse, Kirche St. Nikolaus (14. Jh.); Lana di Sotto: Pfarrkirche mit Schnitzaltar; Riva: schöne Altstadt, Wasserburg la Rocca, Barockkirche Inviolata (1603); Bagolino: sehenswerte Altstadt, Kirche S. Giorgio (16. Jh.)

Kurzbeschreibung
St. Leonhard, der quirlige Touristenort im Passeiertal, ist Ausgangspunkt für unsere „Südtour" über Meran und das Gampenjoch nach Rocchetta bei Mezzolombardo. Von hier führen die „Gelbgrüne" und „Graugrüne" durch die Hochtäler bis nach Riva. Über den Lago di Ledro erreichen wir Storo und Bagolino, den Startpunkt für eine Orgie der kleineren Paßstraßen vom Passo di Croce Domini bis zum Passo della Spina.

St. Leonhard, unser Knotenpunkt zu Jaufen und Timmelsjoch, ist ein begehrter Touristenort: Er hat schon südliches Flair, wirkt aber auch gemütlich tirolerisch. Das gilt ebenso für das fruchtbare Tal der Passer, in dem uns die Wein- und Obstgärten entlang der Straße bis Meran begleiten. Der Weg durch Meran ist gut gekennzeichnet und leicht zu finden. Dann folgt man der Richtung „Marlengo, Passo Stelvio, Passo Resia", später auch „Passo delle Palade" bis nach Marlengo und Lana, dem Beginn der Auffahrt zum Gampenjoch. Anfangs wiederholt die reizvolle Paßstraße in vielen Kurven die Kontur der zum Etschal hin abfallenden Berge und ermöglicht so herrliche Ausblicke in das Tal und auf die gegenüberliegenden Berge bis zu den Dolomiten. Später verläßt sie den Talrand und schwingt in großzügig angelegten Kehren durch blühende Wiesenhänge, bevor sie auf der Paßhöhe im Prissianer Hochwald verschwindet.

Kurz nach Fondo im fruchtbaren Val di Non sind es wieder riesige Obstplantagen und schöne alte Orte wie das malerische Romeno, die wir bewundern. Bei Dermulo treffen wir auf die geschäftige SS43 nach Trento und sind froh, sie in der Schlucht von Rocchetta verlassen zu können, um auf reizvollen, wenig befahrenen Wegen den Gardasee zu erreichen. Von Rocchetta windet sich das schmale gelb-grüne Sträßchen in unzähligen Kurven und Kehren am Talrand nach oben, vorbei an Obstplantagen und durch blühende Bergwiesen zum beschaulichen Hochtal von Ándalo

Über Bagolino und durchs malerische Val di Caffaro führt uns die Straße zum 1892 m hoch gelegenen Croce Domini.

ROADBOOK: Motorradtouren in den Alpen				
Tour 10 — Region: Südtirol, Trentino, Gardasee / Etappe: S. Leonardo i. Pass. – Anfo, Lago d'Idro			Karten: Generalkarte Italien 2 / Brenner, Verona, Parma	
Nr. / km	**Road**	**Position**	**Richtung**	**Information**
1	44	St. Leonhard / S. Leonardo	↑	
2 / 20	38	Meran	38 pso Resia / 238 pso Palade	Schöne Altstadt, Laubengasse, St. Nikolaus 14 Jh.
3 / 4	238	Marlengo	238 / pso Palade	Auffahrt zum Pso Palade, Talblick Adige / Nach 4 km Lana di Sotto: Pfarrkirche, Schnitzaltar
4 / 23	238	Passo delle Palade / Gampenjoch	↑	1518 m
5 / 14	238 / 42	Fondo	Bozen / Trento / Mendola 42	
6 / 3	42	Sarnónico	SS43 / Trento	
7	43	Dermulo	↑	
8 / 27	43	Rocchetta	421 / Ándalo / Molveno	
9 / 16	421	Ándalo	↑	
10 / 4	421	Molveno	↑	Lago di Molveno
11 / 20	421	Villa Banale	Ponte Arche / Trento	
12 / 3	421	Ponte Arche	Riva	
13 / 26	421	Riva	Val di Ledro 240	Erste Abzw. führt d. Tunnel z. Val di Ledro – schnell aber langweilig! Lago di Garda / Schöne Altstadt, Wasserburg „la Rocca", Barock-Kirche Inviolata (1603)
14	240	Lago di Ledro	↑	Nach 8 km pso Ampola Valle d'Ampola
15 / 33	240 / 237	Storo	237	
16 / 8	237	Kreuzung vor Bagolino	237 / Kreuzung Bagolino	Hotel Tre Valli, Bagolino, Tel. 03 56/99109 / Sehenswerte „Altstadt" Kirche S. Giorgio 16 Jh.
17 / 28		Passo di Croce Domini (X–VI)	345 pso Maniva / Gardone	1892 m / Anschluß an Tour 12 – Breno Edolo, Ponte di Legno (X–VI)
18 / 6	345	Giogo della Bala (XI–V)	↑	2162 m
19 / 2,5	345	Goletto delle Crocette (X–V)	↑	2070 m
20 / 5,5	345	Monte Maniva (X–V)	pso Maniva	1662 m / Gardone, Lago d'Iseo, Sarezzo, Odolo, Vestone, Lago d'Idro

und weiter zum malerisch von Bergen eingesäumten Lago di Molveno.

Von Ponte Arche nehmen wir die „Graugrüne" über Ballino, eine „motorradlige" Strecke durch das von bewaldeten Bergen gesäumte grüne Tal, und schwingen von Tenno die schönen Kurven hinunter nach Riva und dem Gardasee entgegen. Wir wollen noch weiter und wählen als schnellen Weg ins Val di Ledro die langweilige „dunkle Röhre". Der Weg am See entlang ist viel interessanter zu fahren und bietet spektakuläre Ausblicke, auf die wir aber heute verzichten müssen, da er zuviel Zeit beansprucht.

Nach dem Lago di Ledro beginnt am Passo Ampola der reizvollste Abschnitt durch die Felsschluchten des Valle d'Ampola. Kurz nach Storo erreichen wir den Lago d'Idro und nach ca. 8 km die Abzweigung nach Bagolino und den Passo di Croce Domini. Mit der paßähnlich in den Fels gehauenen Auffahrt gewinnen wir schnell an Höhe und genießen die herrlichen Ausblicke auf den See, bevor wir einschwenken in das reizvolle Val di Caffaro, das uns über Bagolino hinaus begleitet. Ein schmales, gerade frischgeteertes Sträßchen führt hinein ins waldreiche Tal und hinauf durch Weideland zum 1892 m hoch gelegenen Croce Domini.

Am Rifugio auf der Paßhöhe hat man die Wahl zwischen der langen und wenig aufregenden Abfahrt nach Breno oder der Tour über den Monte Maniva, mit den schmalen Schotterpassagen und kleinen Felstunnels am

Vorbei an Obstplantagen und durch blühende Bergwiesen erreichen wir das beschauliche Hochtal von Ándalo.

Nr. km	Road	Position	Richtung	Information
21		Passo del Maniva (XI–V)	⬆	1662 m
22		Passo della Spina (XI–V)	⬆	1521 m
23 / 12		Anfo – Lago d'Idro	⬆	
24		Idro – Lago d'Idro		Albergo-Ristorante, Idro Tel. 03 56/8 31 46

riesige Antennenschüsseln halten den Aussichtspunkt besetzt, sie brauchtes auch die breite Teerstraße, um hierher zu gelangen. Uns entgeht aber nicht viel, denn Gewitterwolken ziehen von Westen herauf und lassen nur noch ahnen, wie spektakulär diese Panoramafahrt bei guter Fernsicht wäre.

Am Monte Maniva wird es wieder interessanter; hier beginnt der Passo del Maniva mit einer schmalen Schotterpiste, die sich an einer Felswand entlangschlängelt und ohne Sicherung auf der Talseite auskommt. Wir ignorieren das Baustellenschild am Anfang und merken nach wenigen Kilometern an der Baustelle in einem Tunnel – da gibt's kein dran vorbei –, daß es ernstzunehmen war.

Passo del Maniva und dem Passo della Spina, für die wir uns entschieden haben.

Die interessante Schotterstraße mündet bereits nach 7 km in eine breite Asphaltstraße, und etwas weiter versperrt ein rotes Schild mit weißen Balken die Auffahrt zum Aussichtspunkt am Goletto delle Crocette. Nach der Umrundung sehen wir den Grund: zwei

Von Tenno schwingen wir in schönen Kurven hinunter nach Riva, dem Gardasee entgegen.

Es ist schon dämmrig, und auch die aufzie-
henden Wolken lassen uns nicht mehr viel
Zeit, einen „Unterschlupf" zu finden. Bei den
Rifugios am Monte Maniva haben wir kein
Glück, also nehmen wir von hier die Direttis-
sima ins Tal nach Bagolino, wo wir im Hotel
Tre Valli eine angenehme Unterkunft finden.

**Herrliche Ausblicke in das Etschtal und zurück
nach Meran ermöglicht die Auffahrt zum
Gampenjoch.**

WEITERFÜHRENDE INFORMATIONEN

Günstige Übernachtung

Hotel Tre Valli
Bagolino
Tel. 03 65/9 91 09

Albergo-Ristorante
Idro
Tel. 03 65/8 31 46

Wetter

5-Tage-Vorhersage
Tourenfahrer-Wetterservice
Tel. 01 90/27 03 95 (nur von Deutschland aus erreichbar)
Code für Innsbruck: 132
Code für Bozen: 234

Code für Venedig: 216
Kosten: DM 1,20 pro Minute

Auskunft

Alto Adige/Südtirol
Assessorato Regionale al Turismo
Via Raiffeisen 5
I-3910 Bozen
Tel. 04 71/99 36 66
Fax 04 71/99 36 99

Lombardia/Brescia
A.P.T.
I-25121 Brescia
Corso Zanardelli 38
Tel. 0 30/4 50 52 - 21 02 04
Fax 0 30/29 32 84

GARDASEE UND TRENTINO – VON IDRO AM LAGO D'IDRO NACH TRENTO

 Ausgangsort
Idro/Lago d'Idro

 Zielort
Trento

 Gesamttourenlänge
210 km

 Zeitbedarf
1 Tag

 Anschluß
Tour 10 in Idro,
Tour 7 in Predazzo,
Tour 12 in Ponte di Legno

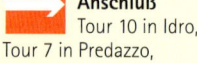 **Pässe geschlossen**
Monte-Baldo-Hochstraße XI–V,
Passo di Campogrosso XI–V,
Passo di Xomo XII–II

 Sehenswertes
Riva: schöne Altstadt, Wasserburg der
Scaliger, la Rocca, Barockkirche Iviolata (1603);
Trento: sehenswerte Altstadt, Dom, Neptuns-
brunnen

 Kurzbeschreibung
Vom malerisch gelegenen Lago d'Idro
zum Gardasee führt eine reizvolle Verbindung über
Capovalle und den Lago di Valvestino nach
Gargnano. In Piovere bzw. Tignale verlassen wir
die Uferstraße zu einer kleinen „Bergtour" und
kehren durch eine malerische Schlucht an den See
zurück. Östlich des Gardasees umrunden wir auf
dem Passo Pián delle Fugazze und dem Passo di
Xomo den Monte Pasubio und beenden die Tour in
Trento.

Wer hier am Gardasee dem extremen Schot-
tergenuß früherer Zeiten nachspürt, wird ent-
täuscht feststellen, daß die bekannten Touren
und auch die vermeintlichen Geheimtips für
den allgemeinen Verkehr entweder längst
gesperrt sind oder nur unter Auflagen befahren werden dürfen, die der Sache aber den
Reiz nehmen. Schotter- und Offroad-Freaks
haben sich längst andere Gefilde gesucht!
Für uns gibt es in der herrlichen Landschaft
um den Gardasee noch viel zu entdecken an
kleinen, schön geführten und wenig befahre-
ren Teersträßchen und auch versteckten
Schotterwegen, die noch nicht gesperrt sind.
Wenn man am Tremalzo die „Hornissen-
schwärme" von Motorradfahrern erlebt hat,
wie sie an schönen Wochenenden einfallen,
drüberbrausen und verschwinden, dann trau-
ert man dieser uneingeschränkten Bewe-
gungsfreiheit nicht nach.
Für den Weg zum Gardasee wählen wir von
den drei Möglichkeiten die „gelbgrüne" über

Die in den Fels gehauene Uferstraße beeindruckt durch unzählige Tunnel und faszinierende Ausblicke auf den Gardasee.

Nr. km	Road	Position	Richtung	Information
		**ROADBOOK: Motorradtouren in den Alpen**		
Tour 11		Region: Gardasee, Trentino / Etappe: Idro, Lago d'Idro – Trento		Karten: Generalkarte Italien 2 / Brenner, Verona, Parma
1		Idro/Lago d'Idro		Albergo-Ristorante, Alpino, Idro, Tel. 04 64/50 52 34
2		Capovalle		5 km nach Idro rechts: pso della Fobbia Albergo-Ristorante Cavallino, pso delle Fobbia Tel. 03 65/75 00 65
3		Moerna	[A]	[A] Magasa / Lago di Garda
4 / 24	45	Gargnano	45 Riva	Lago di Valvestino
5 / 13	45	Abzweigung nach: Pióvere, Tignale	Piovere Tignale Sermerio Vésio	
6 / 7		Sermério		Hotel Sermério, Tel. 03 65/95 31 26
7		Pregásio		
8		Pieve		
9 / 12	45	Gardasee 45	Riva	
10 / 16	45	Riva	240 Rovereto	Schöne Altstadt, Wasserburg la Rocca, Barockkirche
11 / 3	240	Nago – Tórbole	240 Rovereto	Albergo Centrale, Piazza Vittorio Veneto 13, Tórbole, Tel. 04 64/50 52 34
12	240	Mori	[A]	Monte-Baldo-Höhenstraße S. Giácomo, S. Valentino, Lago Pra da Stua <34 km>
13 / 20		Rovereto	46 Vicenza	
14 / 25	46	Passo Piàn delle Fugazze 1159 m	[V]	[V]
15 / 3	46	Ponte Verde	pso di Xomo	
16		Passo di Xomo (XII–II)	Pósina Arsiero	1056 m
17 / 23		Arsiero	Forni Tonezza	
18 / 6		Tonezza		Hotel Bucaneve, Tonezza del Cimone, Tel. 04 45/74 90 59
19 / 9		Kreuzung	le Fratte	
20 / 18		Passo del Sommo	Carbonare	1343 m

Capovalle, eine reizvolle und sehr kurvenreiche Strecke durch die Berge und vorbei am Lago di Valvestino.

Schon nach wenigen Kilometern macht uns die Abzweigung nach rechts neugierig: Passo della Fobbia. Wir folgen dem anfangs geteerten Sträßchen durch den Wald, mit gelegentlichen Ausblicken auf den Lago d'Idro und dann durch den Torbogen der einsam gelegenen Wallfahrtskirche bis zum Rifugio Cavallo auf der Paßhöhe; hier entdecken wir auch eine Schotterpiste, die wir befahren dürfen.

Noch hoch über Gargnano öffnet sich der Blick nach Süden auf den Lago di Garda und den Monte Gargnano, wie uns der nette Radfahrer erklärt, der hier rastet. Uns fasziniert das südliche Licht, das uns am späten Vormittag entgegenleuchtet. Auf den langgezogenen Kehren der Abfahrt zum See präsentiert sich die mediterrane Landschaft mit herrlichen Parks und vitalen Olivenhainen im besten Licht. Im Gewühl der Uferstraße ist dieser schöne Eindruck schnell dahin; deshalb gönnen wir uns den Reiz, hinauf in die Berge und wieder hinunter zum See ein weiteres Mal zu fahren. Bei Piovere verlassen wir die 45bis und schwingen auf der „Graugrünen" über Tignale nach Sermerio, von wo aus wir früher durch das Val di Michele zum Tremalzo gelangten.

Im Hotel Sermerio, mit herrlichem Blick auf den See, aber weit von seinem Rummel entfernt, genießen wir den obligatorischen Mittags-Break bei Panino Salame und Espresso doppio. Dabei erfahren wir von den Überlegun-

Lago d'Idro: Auf dem Weg nach Bagolino und ins Val di Caffaro bieten sich schöne Ausblicke auf den See.

Nr./km	Road	Position	Richtung	Information
21 / 4	349	Carbonare di Folgaria	349 Trento ←	
22	349	pso della Fricca	↑	1113 m
23 / 14	349	Vattaro	↑ Trento	
24 / 13	349	Trento		A Monte Bondone Sehenswerte Altstadt, Dom, Neptunsbrunnen

Über Pregásio und Pieve gelangen wir anschließend durch eine malerische Schlucht vor Limone hinunter zum See. Auf der Uferstraße nach Riva bewundern wir den Schwarm von Surfern, die mit ihren durchsichtigen Segeln insektengleich von Ufer zu Ufer schwirren.

Mit dem Monte Baldo am Ostufer wartet ein weiterer Gardasee-Hochpunkt auf uns. Von Mori aus erreichen wir auf der gut ausgebauten Monte-Baldo-Hochstraße San Valentino und den Lago Pra da

gen der Gemeinde, den Gästen der umliegenden Beherbergungsbetriebe eine befristete Erlaubnis für den Tremalzo auszustellen.

In der herrlichen Landschaft um den Gardasee gibt's einiges zu entdecken: auch versteckte Schotterwege, die noch nicht gesperrt sind.

Stua. Zur Bocca Tratto Spino, dem Aussichtspunkt über Malcésine, gibt es eine „Aufstiegshilfe".

Durch das weite Tal des Torrente Lena bringt uns eine reizvolle und schön zu fahrende Straße von Rovereto zum Passo Piàn delle Fugazze. An manchen der ausgesetzten Kurven überblickt man das weite, bewaldete Tal bis zu den eigenartig gezackten Bergen am Pasubio; als wir hier ankommen, sind sie aber leider in den Wolken verschwunden. Verschwunden sind auch die vielen Möglichkeiten, hier mit dem Motorrad rumzukurven. Es gibt nur noch zwei: Von Ponte Verde über den Passo Xomo und vom Fugazze über den Cam-

pogrosso. Letzterer darf in beiden Richtungen nur von 5 bis 8 Uhr morgens gegen Entrichtung von lit 2000 befahren werden. Die „Tickets" spendet am Fugazze ein Automat, am Campogrosso lösen wir sie im Hotel. Man muß also früh aufstehen, wenn man die im Roadbook vorgeschlagene Variante über Recoaro, Passo Xon, Valli del Pasúbio und Ponte Verde fahren möchte.

Von Arsiero führt unser Weg vom Val d'Astico hinauf nach Tonezza und von hier auf der Strada dei Fiorentino. Dabei werden wir mit atemberaubenden Ausblicken auf das Tal und die Berge der Sette Comuni nach Carbonare di Folgaria und Trento belohnt.

WEITERFÜHRENDE INFORMATIONEN

 Günstige Übernachtung

Albergo-Ristorante Alpino
Idro
Tel. 04 64/50 52 34

Albergo-Ristorante Cavallino
Passo delle Fobbia
03 65/75 00 65

Hotel Sermerio
Tremosine
Tel. 03 65/95 31 26

Albergo Centrale
Torbole
Tel. 04 64/50 52 34

Hotel Bucaneve
Tonezza del Cimone
Tel. 04 45/74 90 59

 Wetter

5-Tage-Vorhersage
Tourenfahrer-Wetterservice
Tel. 01 90/27 03 95
(nur von Deutschland aus erreichbar)
Code für Innsbruck: 132

Code für Bozen: 234
Code für Venedig: 216
Kosten: DM 1,20 pro Minute

 Auskunft

Alto Adige/Südtirol
Assessorato Regionale al Turismo
Via Raiffeisen 5
I-3910 Bozen
Tel. 04 71/99 36 66, Fax 04 71/99 36 99

Lombardia/Brescia
A.P.T.
I-25121 Brescia
Corso Zanardelli 38
Tel.0 30/4 50 52-21 02 04, Fax 0 30/29 32 84

Trentino-Alto Adige
A.P.T.
I-38068 Rovereto
Via Dante 63
Tel. 04 64/43 03 63-4, Fax 04 64/43 55 28

A.P.T. Lago di Garda
I-38066 Riva del Garda
Giardini di Porta Orientale 8
Tel. 04 64/55 44 44, Fax 04 64/52 03 08

ÜBERS STILFSER JOCH IN DIE RÄTISCHEN ALPEN – VON PONTE DI LEGNO NACH MONTE SPLUGA

 Ausgangsort
Ponte di Legno

 Zielort
Montespluga

 Gesamttourenlänge
270 km

 Zeitbedarf
1 Tag

 Anschluß
Tour 11 in Trento über Ponte di Legno,
Tour 13 in Splügen

 Pässe geschlossen
Passo di Gávia X–VI,
Passo dello Stélvio XI–V,
Umbrail-Paß XII–IV,
Albula-Paß XI–V,
Passo delle Spluga XI–V

Sehenswertes
Bormio: schöne Altstadt; Santa Maria:
schöner alter Ort, bemalte Häuser; Ofenpaß:
Schweizerischer Nationalpark; Zernez: alter Ort
(Rumantsch), Pfarrkirche

 Kurzbeschreibung
In Ponte di Legno starten wir zum
berüchtigten Passo di Gávia, der diesen Ruf aber
schon lange nicht mehr verdient, denn die gefähr-
lichen Passagen sind längst entschärft, und nur
noch auf der Südrampe kann man die kläglichen
Reste der urigen alten Schotterpiste bewundern.
Mit einer der ganz großen Paßstraßen, dem Stilfser
Joch, erreichen wir den Glanzpunkt unserer Tour.
Von hier starten wir über den Umbrail die „Schweizer Runde" zu Ofen-, Albula-, Julier- und Malojapaß und gelangen zum Endpunkt unserer Tour,
dem italienischen Passo dello Spluga.

In Ponte di Legno suchen wir im Ortszentrum das gemütliche Café am Fluß, das wir von unserem ersten Besuch vor etwa 15 Jahren noch in guter Erinnerung haben. Bei der erfolglosen Suche verstricken wir uns in den neu entstandenen Einbahnstraßen und verzichten am Ende auf den Kaffeegenuß, der diese Tour über viele interessante Pässe eigentlich einleiten sollte. Damals war der Gavia noch ein uriger Geselle mit schmalen Schotter- und Sandstraßen über fast den gesamten Streckenverlauf. Diesen abenteuerlichen Reiz hat er durch den Ausbau zwar eingebüßt, aber geblieben sind die atemberaubenden Ausblicke, die uns begleiten. Auf der Paßhöhe und am Denkmal vor den imposanten Gletscherbergen treffen wir Gleichgesinnte, die hier in der Sonne rasten und die herrliche Szenerie im weiten Hochtal genießen.

Für unseren Abstecher zu den Torri di Fraele folgen wir von Bormio zuerst der Richtung Livigno bis zur Abzweigung „Torre di Fraele, Lago di Cancano". Schon am Beginn der breit ausgebauten, kehrenreichen Schotterstraße sehen wir die Ruinen der beiden Torri oben auf der Paßhöhe. Wir verlieren sie nicht mehr aus den Augen bis zu den Felstunnels, nach denen sie dann in voller Größe wieder vor uns auftauchen. Von hier reicht der Blick bis weit ins Tal nach Livigno und den Bergen von Bormio. Gleich nach den Torri öffnet sich das liebliche Valle di Fraele, dem wir bis zum Lago di San Giacomo di Fraele folgen.

Wir haben im malerischen Bormio übernachtet und starten bei wolkenlosem Himmel zum Stilfser Joch (Passo dello Stélvio). Diese Idee

Passo die Gávia: Gut rasten läßt es sich auf der Paßhöhe mit Blick auf die imposanten Gletscherberge.

Nr. km	Road	Position	Richtung	Information
		ROADBOOK: Motorradtouren in den Alpen		
Tour 12	Region: Lombardia, Oberengadin, Graubünden Etappe: Ponte di Legno – Monte Spluga			Karten: Generalkarte Italien 2 Brenner, Verona, Parma
1	42	Ponte di Legno	300 Passo di Gávia	
2	300	Passo di Gávia (X–VI)		2621 m
3 44	38	Bórmio	Passo dello Stelvio	R. Livigno, dann Torre di Fraele, Lago di S. Giacomo — Sehenswerte, gemütliche Altstadt, gut für Rast! — Albergo Derby, Bormio, Tel. 0342/904433
4 18	38	Passo dello Stélvio (XI–V)	3 km zurück nach Umbrail	Stélvio Ostrampe bis Gomagoi, von hier ins Suldental bis Solda, 1907 m, <61 km>
5 3		Umbrail-Paß (XII–IV)		2503 m
6 9	28	Santa Maria	28	schöner alter Ort, bemalte Häuserfassaden
7	28	Ofenpaß		Schweizerischer Nationalpark 2149 m
8 32	27	Zernez	27	Alter Ort (Rumantsch), Pfarrkirche Hotel-Restaurant Spöl, Tel. 08 56/12 79
9 20	27	La Punt	pso d'Alvra (Albulapaß)	
10		Albulapaß (XI–V)		2312 m Albulabahn, bahnhistorischer Lehrpfad
11 35	3	Tiefencastel	3	Gasthaus Rätia, Tiefencastel, Tel. 0 81/71 13 44
12		Julierpaß		Lai da Marmorera 2284 m
13 37	3	Silvaplana	3 Passo del Maloja	Lei da Silvaplana
14	3	Passo dei Maloja		1815 m Lij da Segl
15	ca. 15 km nach dem Paß kurz vor dem Tunnel Promontogno		Promontogno	Hotel Bregaglia Promontogno Tel. 0 81/8 22 17 77 Sóglio
16 42	SS37	Chiavenna	36 Splügen	
17 23	SS36	Montespluga		Albergo Vittoria, Montespluga, Tel. 03 43/5 42 50
18 6	SS36	Passo dello Spluga (XI–V)		2113 m

Paßstraße zu bezwingen. Wir schwingen also in guter Gesellschaft die 39 Kehren hinauf zum Joch und empfinden Spaß dabei, der Trasse von 1820 zu folgen; denn es ist eine der wenigen Paßstraßen in den Alpen, die eine so lange Zeit ohne einschneidende Veränderungen überlebt hat.

Auf der Paßhöhe überwiegen die geparkten Motorräder, und mancher Direktor eines Oldtimermuseums wäre glücklich, einige der gezeigten Kostbarkeiten auszustellen, die mit eigener Kraft zum Stifser Joch gelangt sind. Von den stolzen Besitzern erfahren wir Einzelheiten über den „Stammbaum" der Maschinen und wie das kostbare Teil wieder zu Kräften und zu neuem Glanz gelangt ist. Im Hintergrund bilden der Ortler und seine Brüder die interessante Skyline, die uns auf der kehrenreichen Strecke hinunter nach Gomagoi und bis in das malerische Hochtal von Sulden begleiten wird.

Der Umbrail beginnt etwas unterhalb des Jochs und führt vorbei an riesigen Geröllfeldern und grünen Matten zur kehrenreichen Nordrampe kurz vor Santa Maria. In diesem schönen alten Ort erreichen wir das Münstertal und in seiner Fortsetzung die Ofenpaßstraße zum Unterengadin.

Kurz nach der Paßhöhe durchqueren wir auf reizvoller Strecke, aber begleitet von dicken Wolken am Himmel den nördlichen Zipfel des Schweizer Nationalparkes. Auf sechs verschiedenen Routen kann man seine Landschaft durchwandern und vieles über die dort heimische Pflanzen- und Tierwelt erfahren. Im urigen Hotel-Restaurant Spöl in Zernez

haben außer uns heute auch noch andere Biker, von denen viele mit ihren Oldtimern unterwegs sind, um die über 170 Jahre alte

Stilfser Joch: eine der wenigen Paßstraßen, die ohne einschneidende Veränderungen überlebt hat.

treffen wir noch andere Biker, denen ebenfalls kalt geworden ist bei diesen fast winterlichen Temperaturen und die hier mit einer warmen Mahlzeit Energie zum Weiterfahren „tanken" wollen.

Als wir in La Punt die Abzweigung zum Albula erreichen, signalisieren die vom Paß kommenden Autos mit ihren Schneehauben eher Winter als Wetterbesserung. Auf der Paßhöhe fahren wir umgeben von dichten Wolken durch die von Neuschnee überzuckerten Schneefelder. Auch bei der Abfahrt bleibt die wildromantische Gebirgslandschaft in den Wolken versteckt. Unsere Blicke werden nun auf die interessante Streckenführung der Rhätischen Bahn über den Albula gelenkt. Sie kreuzt auf so kurzer Distanz unseren Weg über Viadukte, verschwindet in Felsentunnels und taucht gleich wieder auf, daß wir einen Bahnknoten-

punkt vermuten. Wenig später begeistert uns eine gigantische Felsschlucht, in der sich Albula und Straße den engen Durchbruch teilen müssen.

Ab Tiefencastel folgen wir den Spuren der Römer zum Julierpaß. Die gut ausgebaute, kurvenreiche Straße kann zügig durchfahren werden. Sie führt durch ein mehrstufiges

Hochtal mit abwechslungsreicher Landschaft und vorbei am Lai da Marmorera.

Auf dem Weg zum Malojapaß passieren wir die malerisch gelegenen kleinen Seen Lej da Silvaplauna und Lej da Segl. Die Regenwolken tauchen in den See und lassen die Fischer mit ihren breitkrempigen Hüten und den kleinen Booten nur noch schemenhaft durchscheinen. Hier würden wir gerne bleiben; aber in dieser Lage ist man auch Anfang Juni ausgebucht. Wir fahren also im Regen weiter und entdecken kurz vor der „schwarzen Röhre" den sympathischen Ortsnamen Promontogno. Wir folgen der alten Paßstraße in den Ort und stehen bald vor dem schloßartigen Hotel, in dem wir die einzigen Gäste sind. Wir fühlen

uns wohl in dem schönen alten Gebäude mit hohen Räumen und doppelt mannshohen Türen, das sicherlich schon glanzvollere Zeiten gesehen hat.

Zum Abschluß der Tour durch das romantische grüne Val Bregaglia nach Chiavenna scheint wieder die Sonne, aber leider nur kurz. Auf der interessanten Bergfahrt zum Monte Spluga durch ein Geschlängel von Kehren, Tunnels und Galerien begleiten uns wieder Regenwolken. Im Albergo Vittoria in Montespluga treffen wir beim Espresso vier Biker aus Alabama. Sie sind für die einwöchige Alpentour nach Frankfurt geflogen und „absolvieren" ihr Programm durch die Alpen im Eiltempo.

Großes Motorradtreffen am Stilfser Joch vor der imposanten Skyline des Ortler.

Albulapaß: Wintereinbruch Anfang Juni.

WEITERFÜHRENDE INFORMATIONEN

 Günstige Übernachtung

Albergo Derby
Bormio, Tel. 03 42/90 44 33

Hotel-Restaurant Spöl
Zernez, Tel. 08 56/12 79

Gasthaus Rätia
Tiefencastel, Tel. 0 81/71 13 44

Albergo Vittoria
Montespluga, 03 43/5 42 50

 Motorradtreff

Gasthaus Rätia, Tiefencastel

 Wetter

5-Tage-Vorhersage
Tourenfahrer-Wetterservice

Tel. 01 90/27 03 95 (nur von Deutschland aus erreichbar)
Code für Bozen: 234
Code für San Bernardino: 042
Kosten: DM 1,20 pro Minute

 Auskunft

Schweiz/Graubünden
Verkehrsverein Graubünden
Alexanderstraße 24
CH-7001 Chur
Tel. 0 81/3 02 61 00, Fax 0 81/3 02 14 14

Italien/Lombardei
A.P.T. Valtellina
Via Cesare Battisti 12
I-23100 Sondrio

 Der gute Rat

Immer genügend warme Kleidung einpacken; denn
man muß in den Alpen auch im Sommer mit winterlichen Temperaturen rechnen!

GROSSE SCHWEIZER PÄSSETOUR – VON SPLÜGEN NACH GÖSCHENEN

Ausgangsort
Splügen

Zielort
Göschenen

Gesamttourenlänge
320 km

Zeitbedarf
1 Tag

Anschluß
Tour 12 in Splügen,
Tour 14 in Andermatt

Pässe geschlossen
Passo del S. Bernardino XII–V,
Passo del Lucomagno XII–IV,
Oberalppaß XI–V,
Furkapaß X–V,
Grimselpaß X–V,
Sustenpaß XI–V

Sehenswertes
Hospental: schöner alter Ort, Burgturm
13. Jh., Museumseisenbahn in Realp

Kurzbeschreibung
Sechs der schönsten und bekanntesten
Paßstraßen der Schweiz berührt diese Tour über
den S. Bernardino, den Lukmanier, den Oberalp, den
Furka, den Grimsel und den Susten.

Zu Beginn der großen Schweizer Pässetour schwingen wir hinunter vom Splügen und übersehen die unauffällig neben der Straße liegende Grenzstation. Erst als wir daran vorbei sind, überzeugt uns der Blick in den Spie-gel, daß man uns dort sehen wollte. Der humorvolle Schweizer belächelt aber unseren „Fehltritt", verspricht für heute besseres Wetter und wünscht uns auch noch gute Fahrt!

Auf unserem Weg zum San Bernardino erreichen wir zuerst Splügen, einen schönen alten Ort mit steingedeckten Häusern. Wir wollen die alte Paßstraße benutzen und folgen von hier der kleinen 13; sie führt anfangs durch ein blühendes Wiesental und erweitert sich kurz vor Hinterrhein zum Sträßchen, das durch einen Gitterzaun getrennt, neben der großen N13 herläuft. Danach behauptet sich die alte, inzwischen sehr gut ausgebaute Paßstraße in normaler Breite. Sie führt in unzähligen, schön zu fahrenden Kehren hinauf zum interessanten Hochtal und schwingt hier zwischen den eigenartig runden Felsbuckeln über die Paßhöhe ins reizvolle Valle Mesolcina; hier verliert sie zunehmend den fahrerischen Kick. In Castione folgen wir der 2 zum San Gottardo bis Biasca, wo das Valle di Blenio und die Strada del Lucomagno beginnen. Bei Olivone erreichen wir das malerische Valle Santa Maria und kurz nach dem Passo del Lucomagno den Lai da Sontga Maria mit der riesigen Staumauer. Hier versperrt uns eine Herde Ziegen, die blitzschnell über die Leitplanke springen, um etwas Freßbares zu ergattern, den Weg. Die gut ausgebaute, wenig befahrene Strecke führt durch eine Landschaft voller Charme; sie eignet sich auch als schnelle Verbindung nach Disentis.

Die Straße von dort über den Oberalp ist nicht nur der kürzeste Weg zum Rhonetal, sondern

Kurz nach der Furka-Paßhöhe erreichen wir das Hotel-Restaurant Belvedere und genießen den herrlichen Blick auf den Rhonegletscher.

auch eine ganz interessante Motorradstraße. Von Disentis zur Paßhöhe fahren wir meist auf der wenig veränderten alten Trasse, die sich anfangs in vielen Kurven und einigen Kehren durch leicht bewaldete Wiesenhänge schlängelt. Vor der Paßhöhe wird sie von grün überzogenen Felsbergen begleitet. Die Abfahrt nach Andermatt bietet grandiose Ausblicke ins Tal und bis zu den Bergen der Furka. Im Café Oberalp „tanken" wir noch schnell Energie – Apfelstrudel mit Vanillesoße und Kaffee – bevor wir zu Furka und Grimsel aufbrechen.

In Hospental, dem schönen alten Ort mit dem markanten Burgturm, kommen wir zu einem wichtigen Knotenpunkt für Straßen, Flüsse und Eisenbahn. Wir folgen der Furka-Reuss im Urserental bis Realp und zum Furkapaß. Auf der gesamten Strecke der angenehm zu fahrenden Paßstraße überraschen uns immer wieder faszinierende Ausblicke,

die bis zum Gotthard und über das Tal bis nach Andermatt und den Oberalp reichen.

Bald nach der Paßhöhe haben wir den Rhonegletscher im Blick. Am Belvedere kommen wir dann ganz nahe an ihn heran, und auch auf der Fahrt nach Gletsch taucht er immer wieder auf. Ein freundlicher Franzose, der hier

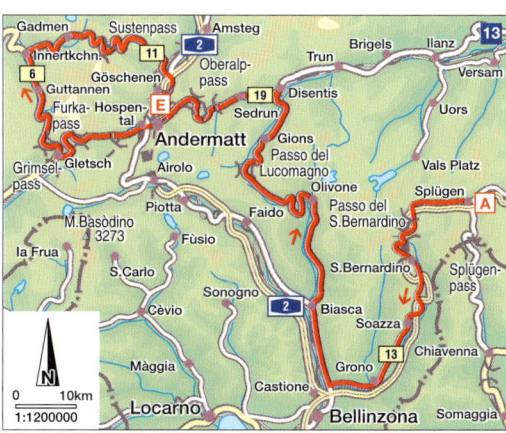

ROADBOOK: Motorradtouren in den Alpen

Tour 13 — Region: Ticino, Zentralschweiz / Etappe: Splügen – Göschenen — Karten: Generalkarte Doppelblatt Schweiz 2 Ost

Nr. km	Road	Position	Richtung	Information
1	N13	Splügen	13 Hinterrhein	Albergo Vittoria, Montespluga, Tel. 03 43/5 42 50
2 / 20	13	Passo del S. Bernardino (XII–V)	↑	265 m
3 / 67	N13 2	Castione	San Gottardo N2 Biasca Lucomagno	
4 / 21	2	Biasca	Passo del Lucomagno	
5		Olivone	Passo del Lucomagno [A]	[A] Lago di Luzzone, Val di Campo, <20km)
6		Passo del Lucomagno (XII–IV)	↑	1940 m / 5 km vor pso: Hotel Ristorante Aquacalda, Tel. 091/8 72 26 10
7 / 61	19	Disentis	19 Andermatt Oberalp	
8	19	Oberalppaß (XI–V)	↑	2809 m
9 / 32	19	Andermatt	19 Brig Furka	Sporthotel Sonne, Gotthardstraße 76, Andermatt, Tel. 041/8 87 12 26 / Für kurze Rast nach dem Oberalp: Café Oberalp
10	19	Hospental	Furka	Schöner alter Ort, Burgturm 13. Jh., Museumseisenbahn Realp
11	19	Furkapaß (X–V)	↑	Furkapaß, 2436 m / Furkablick, 2757 m / Nach 3 km Belvedere mit Blick auf Rhonegletscher
12 / 31	16 6	Gletsch	6 Grimsel	
13	6	Grimselpaß (X–V)	[A] ↑	Grimselpaß 2165 m / [A] Oberaarsee, Oberaargletscher, Grimselsee, Unteraargletscher
14 / 24	6	Guttannen	↑	Hotel Bären, Guttannen, Tel. 0 33/9 73 12 61
15 / 8	6 11	Innertkirchen	11 Susten	
16	11	Sustenpaß (XI–V)	↑	2224 m
17 / 46	11	Wassen	2 Gotthard	
18 / 6	2	Göschenen	[A]	[A] Göschener Tal, Göschener Alpsee Dammagletscher <20 km) / Zum Weißen Rössli, Göschenen, Tel. 041/8 86 80 10

mit dem Wohnmobil unterwegs ist, berichtet uns, daß der Grimsel noch gesperrt sei. In Gletsch ignorieren wir das kleine Schild am Straßenrand und gelangen über wenige Kehren hinauf zum Grimselpaß. Bei der Auffahrt können wir den Rhonegletscher und die kurvige Furkastraße zum letzten Mal bewundern.

Am Grimsel hat uns der Winter wieder: Fünf Meter hohe Schneewände flankieren den Parkplatz auf der Paßhöhe, und der mit Schnee bedeckte Totensee blitzt nur aus einem kleinen blauen Auge zu uns herüber. Die untergehende Sonne hat mal wieder für das richtige Licht gesorgt! Hier treffen wir einen netten Biker aus Holland, der gerade die gesperrte Strecke von Guttannen herauf befahren hat – ohne Probleme, man müsse nur die Straßensperre etwas beiseite schieben.

Wir verlassen die faszinierende Winterlandschaft und schwingen auf der gut ausgebauten Straße hinunter ins Oberhaslital und nach Guttannen, wo wir uns in der gemütlichen Stube des Hotel-Gasthof Bären – seit 1806 im Familienbesitz – bei einer kräftigen Mahlzeit aufwärmen und dort auch im Hotel übernachten. Hier kocht der Chef – ausgezeichnet, wie wir feststellen – und die Wirtin kümmert sich persönlich um die Gäste. Wir fühlen uns wohl!

Die Sustenstraße ist wie die über den Grimsel sehr gut ausgebaut und stellt keine besonderen Anforderungen an den Fahrer; aber es macht Spaß, durch die Kurven zu schwingen und die vielen Felsdurchbrüche und Tunnels zu durchfahren. Durch das üppig grüne

„Wasserfälle" am Oberalp: Eine beliebte Motorradstrecke führt von Disentis über den Oberalp ins Rhonetal.

Die Fahrt über den Furkapaß überrascht mit faszinierenden Ausblicken bis zum Gotthard und über das Tal bis Andermatt.

San Bernardino: In unzähligen Kehren führt die alte Paßstraße hinauf ins interessante Hochtal.

Gadmental, vorbei an grasenden Kühen und schneebedeckten Bergen, erreichen wir kurz vor der Paßhöhe den kleinen Steinsee und bewundern den Steingletscher, der ihn speist.

Im malerischen Meien-Hochtal begleiten uns die markanten Dreitausender, bis wir mit Blick auf Wassen die beeindruckende Schlucht des Meienreuss überqueren.

WEITERFÜHRENDE INFORMATIONEN

 Günstige Übernachtung

Albergo Vittoria,
Montespluga
Tel. 03 43/5 42 50

Hotel-Ristorante Aquacalda
5 km vor Passo Lucomagno
Tel. 0 91/8 72 26 10

Sporthotel Sonne
Andermatt
Tel. 0 41/8 87 12 26

Hotel-Restaurant Bären
Guttannen
Tel. 0 33/9 73 12 61

Zum weißen Rössli
Göschenen
Tel. 0 41/8 86 80 10

 Wetter

5-Tage-Vorhersage
Tourenfahrer-Wetterservice
Tel. 01 90/27 03 95 (nur von Deutschland aus erreichbar)
Code für Bozen: 234
Code für San Bernardino: 042
Code für Bern: 138
Kosten: DM 1,20 pro Minute

 Auskunft

Schweiz/Tessin
Ticino Turismo
Via Lugano 12
CH-6501 Bellinzona
Tel. 0 91/8 25 70 56, Fax 0 91/8 25 36 14

Zentralschweiz-Tourismus
Alpenstraße 1,
CH-6002 Luzern
Tel. 0 41/4 10 18 91, Fax 0 41/4 10 72 60

DURCH DIE WALLISER ALPEN INS AOSTATAL – VON ANDERMATT NACH BOURG-ST. MAURICE

 Ausgangsort
Andermatt

 Zielort
Bourg-St. Maurice

 Gesamttourenlänge
380 km

 Zeitbedarf
1 Tag

 Anschluß
Tour 13 in Andermatt,
Tour 15 in Bourg-St. Maurice

 Pässe geschlossen
Passo del S. Gottardo XI–V,
Nufenenpaß X–V,
Col du Grd. St. Bernard X–V,
Col du Pit. St. Bernard XI–VI

 Sehenswertes
Martigny: Fondation Pierre Ginadda –
(Galloröm. Museum, Skulpturen, Oldtimer);
Martigny-Bourg: schöner alter Ort

 Kurzbeschreibung
Von Hospental nehmen wir die alte Straße
zum St. Gotthard und ins Val Tremolo. Über
den Nufenen erreichen wir das Rhonetal und
starten von Martigny zum Großen St. Bernard
und durch das Aostatal zum kleinen St. Bernard
und St. Maurice.

Unser „Umweg" zum Rhonetal beginnt am
prominenten St. Gotthard. Wir meiden aber
die „schnelle Röhre" und wählen 5 km nach
Hospental die alte gepflasterte, etwas hol-
prige Paßstraße. Sie schwingt in schönen Kurven, begleitet von den früher üblichen Pollern

als Straßenbegrenzung, durch das reizvolle
Hochtal zur Paßhöhe. Grüne Matten mit kleinen Seen und der zwischen den Felsen plät-
schernde Fluß bereichern unseren Weg.
Am Hospiz folgen wir dem Wegweiser „Tremolo,
Airolo" und befinden uns ohne weitere Vor-
warnung auf den interessanten Kehren (ins-
gesamt 36), die uns ins Val Tremolo bringen.

**St. Gotthard: Auf der alten gepflasterten
Paßstraße erreichen wir das Hospiz und
nehmen von hier die 36 Kehren hinunter ins
Val Tremolo.**

Und während auf der Hauptroute Gedrängel herrscht, sind wir auf der schönen alten Straße fast alleine unterwegs, nur ein paar Mountainbiker und ein Motorradfahrer teilen unsere Vorliebe für diese Route.

Wenig befahren ist auch die Nufenenstraße, die wir als Weg ins Rhonetal gewählt haben. Sie führt durch das waldreiche Val Bedretto bis zur Waldgrenze und in mehreren Kehren durch grün überzogene Fels- und Geröllfelder zur rauheren Landschaft auf der Paßhöhe. Der großartige Fernblick bis zu den Berner Alpen wird heute nicht geboten. Im Gegenteil: Wir müssen sogar vor Blitz und Donner in das Gipfelhaus flüchten. Nach dem Gewitter erreichen wir auf mehreren Kehren durch die unwirtliche Gipfelregion sattes Weideland und können sehen, wo die Kühe die Last ihrer prallen Euter loswerden: in den Melkständen am Straßenrand, und hier können wir auch die Produkte aus der würzigen Alpenmilch probieren.

Im malerischen Tal der Ägene erreichen wir Ulrichen und das Rhonetal. Hier befindet sich nicht nur der landschaftlich reizvollste Wein- und Gemüsegarten der Schweiz, sondern auch eine kulturhistorisch bedeutende Gegend. Neben vielen kleinen interessanten Orten sind es besonders Brig, Sidèrs und Sion, für die wir uns Zeit nehmen. In Sidèrs öffnet sich das Tal und ermöglicht an den Südhängen riesige Weingärten, die wir auf der weit über dem Tal gelegenen Straße bis Sion (Variante) durchfahren. Eine aussichts- und kurvenreiche Strecke, auf der wir uns für kurze Zeit von der stressigen Fahrt im Tal erholen können.

Zum Col du Grd. St. Bernard folgen wir der gut ausgebauten Straße im malerischen Tal der Dranse bis Bourg-St. Bernard, dem Beginn der Tunnelstrecke. Wir wählen die alte Straße, die sich kurvenreich durch grüne Wiesen, Geröllfelder und, zusammen mit der Dranse, durch kleine Schluchten zwischen Felsenbuckeln

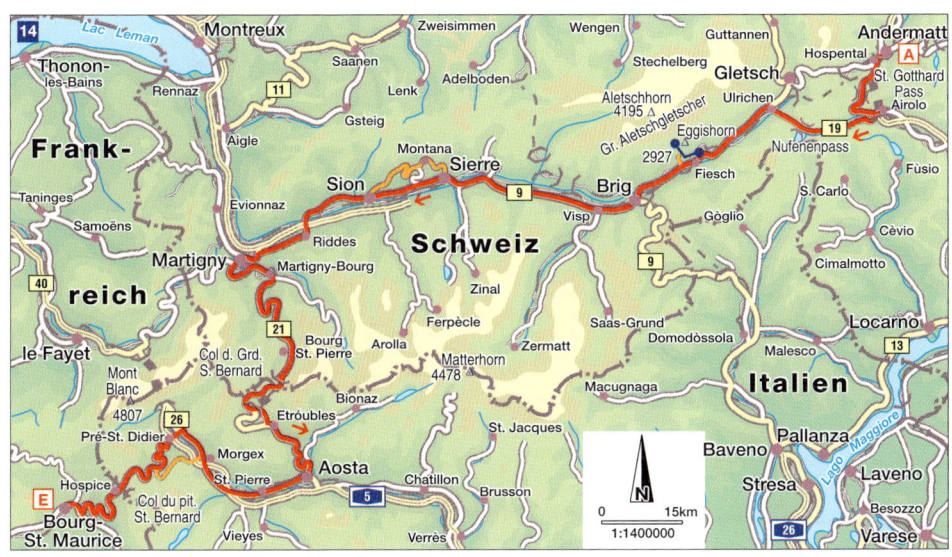

		ROADBOOK: Motorradtouren in den Alpen		
Tour 14	Region: Ticino, Wallis, Savoie Etappe: Andermatt – Bourg-St. Maurice			Karten: Generalkarten-Großblatt Schweiz 1 (West) + 2 (Ost), Michelin 244 Rhône-Alpes
Nr. km	**Road**	**Position**	**Richtung**	**Information**
1 1	19	Andermatt	19 ←	Sporthotel Sonne, Gotthardstraße 76, Tel. 0 41/8 87 12 26 
2 3	19	Hospental	2 S. Gottardo →	
3 3	alte Straße	St.-Gotthard-Paß (XI – V)	↑ Tremolo Airolo	2108 m
4 23		Airolo	← pso Novena	
5 5		Nufenenpaß (X – V)	↑	2478 m
6 62	19	Ulrichen	19 ←	Nach 14 km in Fiesch: Luftseil- bahn zum Eggishorn (2926 m), Blick auf Aletschgletscher
7 7	9	Brig	↑	Stockalperschloß, Wallfahrtskirche (1540)
8 8	9	Sierre	↑ V	Montana, Crans, Sion Sehenswerter Ort, u.a. Château des Vidomnes
9 9	9	Sion	↑	Ruine Château de Tourbillon La Channe, Porte Neuve 9, Sion, Tel. 0 27/3 22 32 71
10 117	9	Martigny	Aosta → Grd. St-Bern.	Fondation Pierre Gianadda (Kultur- zentrum) gallo-röm. Museum, Skulpturen, Oldtimer. Hotel Forum, Martigny Av. Grd. St. Bernard Tel. 0 27/7 22 18 41
11 3		Martigny-Bourg	21 Col du Grd. → St. Bernard	Schöner alter Ort
12 30	21	Bourg-St. Pierre	→ nach 7 km	Nach 7 km rechts vor dem Tunnel abzweigen in die alte Paßstraße
13 13		Col du Grd. St. Bernard (X – V)	↑	Hospice 2469 m
14 34		Aosta	← SS26	
15 33	SS26	Morgex	V ↑	Von Morgex über den Cole San Carlo nach La Thuile
16 33	SS26	Pré St. Didier	Piccolo SS26 St. Bernardo → La Thuile	
17 23	SS26 N 90	Col du Pit. St. Bernard (XI – VI)	↑	2188 m la Rosière 1850
18 31	N 90	Bourg-St. Maurice		Hotel l'Autantic, Bourg St. Maurice, Tel. 0 47/9 07 01 70

zwängt. Auf der Paßhöhe erwartet uns am
Hospiz ein fast jahrmarktmäßiger Betrieb, der
es uns verleidet, hier länger zu bleiben. Dabei

Auch zum Großen St. Bernhard wählen wir die alte Straße im malerischen Tal der Dranse, die sich kurvenreich durch Wiesen und Geröllfelder schlängelt.

ist diese Stelle von besonderer historischer Bedeutung; denn nicht nur Kelten und Römer, sondern auch einige deutsche Kaiser und Napoleon haben diesen Alpenübergang schon benutzt! Fast noch berühmter wurde er durch die Bernhardiner, die man hier besichtigen kann.

Vom Hospiz schwingen wir auf der alten Straße hinunter zum idyllisch gelegenen See und durch grüne Hänge ins Vallée du Grd. St. Bernard, bis wir kurz nach St. Rhémy die geschäftige Hauptstraße zum Aostatal erreichen.

Wir folgen dem Tal in nordwestlicher Richtung bis Pré St. Didier, und bevor wir zum Col du Pit. St. Bernard abbiegen, begrüßt uns am

Talende der schneebedeckte Monte Bianco. Er verschwindet, als wir die vielen schönen Kehren und Tunnels im waldreichen unteren Teil der Strecke durchfahren. Beim kleinen Lac Verney kurz vor dem Col müßte er wieder zu sehen sein, aber jetzt verhindern die aufziehenden Wolken den weiten Ausblick. Als Variante bietet sich die Fahrt von Morgex über den Colle San Carlo (1971 m) nach la Thuile an.

Kurz nach la Rosière, einer volksfestartig betriebsamen Touristensiedlung, halten wir an einem Aussichtspunkt, der den Blick auf 12 Dreitausender und ebensoviele Zweitausender ermöglichen soll, heute leider Fehlanzeige! Dafür können wir unser Ziel im Tal – Bourg-St. Maurice – bequem betrachten.

Großer St. Bernhard: Vom Hospiz in Richtung Aosta fahrend, umrunden wir den idyllisch gelegenen See.

Auf der Hauptroute des St. Gotthard ist man mit vielen anderen Verkehrsteilnehmern unterwegs.

WEITERFÜHRENDE INFORMATIONEN

Günstige Übernachtung

Sporthotel Sonne
Gotthardstraße 76
Andermatt
Tel. 0 41/8 87 12 26

La Channe
Porte Neuve 9
Sion
Tel. 0 27/3 22 32 71

Hotel Forum
Av. Grd. St. Bernard
Martigny
Tel. 02 77 22 18 41

Hotel l'Autantic
Bourg-St. Maurice
Tel. 04 79 07 01 70

Wetter

5-Tage-Vorhersage
Tourenfahrer-Wetterservice

Tel. 01 90/27 03 95
(nur von Deutschland aus erreichbar)
Code für San Bernardino: 042
Code für Lugano: 021
Code für Bern: 138
Code für Grenoble: 051
Kosten: DM 1,20 pro Minute

Auskunft

Schweiz/Tessin
Ticino Turismo
Via Lugano 12
CH-6501 Bellinzona
Tel. 0 91/8 25 70 56, Fax 0 91/8 25 36 14

Zentralschweiz-Tourismus
Alpenstraße 1
CH-6002 Luzern
Tel. 0 41/4 10 18 91, Fax 0 41/4 10 72 60

Schweiz/Wallis
Valais Tourisme
Rue Pré-Fleuri 6
CH-1951 Sion
Tel. 0 27/3 22 31 61, Fax 0 27/3 23 15 72

Durch die Grajischen Alpen –
Von Bourg-St. Maurice nach Briançon

 Ausgangsort
Bourg-St. Maurice

 Zielort
Briançon

 Gesamttourenlänge
210 km

 Zeitbedarf
1/2 – 1 Tag

 Anschluß
Tour 14 in Bourg-St. Maurice,
Tour 16 und 17 in Briançon

 Pässe geschlossen
Col d'Iseran X–VI, Col du Mont-Cenis X–V,
Colle delle Finestre X–V

 Sehenswertes
Susa: malerische Altstadt; Briançon:
Festung (17. Jh.), sehenswerte Altstadt, Kirche
Notre-Dame (1718)

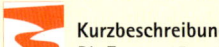 **Kurzbeschreibung**
Die Touren 15 und 16 in die französischen
Alpen, die wir zu einer langen Tagestour verbanden
erschließen die wohl faszinierendsten Gebirgslandschaften, die höchstgelegenen Pässe und Bergstraßen der Alpen.
Bei der Planung sollten Sie berücksichtigen, daß
viele dieser Pässe nur während der Sommermonate
zu befahren sind und Sie den vollen Genuß dieses
Spektakels nur bei stabilem Hochdruckwetter haben.
Es lohnt sich also, vor dieser Tour alle verfügbaren
Informationsmöglichkeiten der Wettervorhersage
zu nutzen.

Bourg-St. Maurice, der Ausgangspunkt unserer Tour, ist eine geschäftige Stadt mit vielen
schicken Hotels und vornehmen Geschäften.

Hier hält es uns jedoch nicht lange, denn das
gute Wetter wollen wir nutzen, um dem bisher Erlebten noch den Höhepunkt aufzu-
setzen: Auf der D902 starten wir zum Col de
l'Iseran, dem mit 2770 m höchstgelegenen
Alpenübergang.

Im landschaftlich reizvollen Tal der Isère fahren wir durch Schluchten und Tunnels zum
Lac du Chevril. Von hier ist es nicht mehr weit
bis Val d'Isère, dem wohl bedeutendsten Win-
tersportort der Alpen. Wir bestaunen diese
„Orbital-Station" im Schrittempo; am Orts-
ende sind wir froh, den Anstieg zum Iseran mit
herrlichem Blick auf die Firnfelder und ver-
gletscherten Berge vor uns zu haben.

Für die beiden Aussichtspunkte Belvedere de
la Tarentaise vor dem Col de l'Iseran und dem
Belvedere de la Maurienne auf dem Weg nach
Bonneval sur Arc im Süden sollten Sie sich Zeit
nehmen, denn hier präsentiert sich ebenso
wie auf der Paßhöhe die faszinierende Kulisse
der vielen Gletscherberge in immer neuem
Licht und Blickwinkeln und in einer Dichte
und Unmittelbarkeit wie kaum anderswo.

Die Südabfahrt führt in „motorradligen" Kurven und Kehren durch grüne Matten vorbei
an grasenden Kühen und Weidemelkanlagen
in der Nähe der Paßstraße. Hier kann man sich
mit Milch, Butter und Käse aus erster Hand
versorgen! An der letzten Kehre im Talboden
der Arc liegt Bonneval sur Arc, ein malerischer
Ort mit aus Felsgestein gebauten Häusern und
mehreren schön gelegenen Hotels. Als interessanter Ausgangspunkt für Bergsteiger und
Wintersportler ist der kleine Ort auf angenehme Weise touristisch und belebt.

In Lanslebourg am Grand Roc Noir gibt es einige Hotels und schöne kleine Geschäfte zur Ergänzung der Reiseverpflegung. Das Relais des Alpes, äußerlich eines der einfacheren Hotels, entpuppt sich beim Abendessen als Geheimtip mit vorzüglicher Küche. Hier bekommen wir auch den originellsten Reiseproviant: ein 50-cm-Baguette in einem Stück mit mundgerechtem Durchmesser, halb und halb mit Käse und Salami belegt und mit Frischhaltefolie zusammengehalten – also ohne Probleme mit der Kupplungshand zu „verheizen"!

Wir vertrauen dem Tourenfahrer-Wetterservice für Grenoble – „Sonnenscheindauer 8 Stunden, Temperatur 17 – 27° C, Regenwahrscheinlichkeit 20 %" – und wollen den Tag nutzen.

Nur von einzelnen Kumuli begleitet, starten wir bereits kurz nach halb acht zum Mont Cenis. In den meisten französischen Hotels erfordert es einige Überredungskünste, wenn man um diese Zeit schon gefrühstückt haben will!

Von den ersten Kehren lohnt sich der Blick zurück ins Val Cenis auf den Grand Roc Noir

Bonneval sur Arc: malerischer Ort mit aus Felsgestein erbauten Häusern und schön gelegenen Hotels.

Tour 15	Region: Savoie Etappe: Bourg-St. Maurice – Briançon			Karten: Michelin 244 Rhône-Alpes 245 Provence
Nr./km	**Road**	**Position**	**Richtung**	**Information**
1	D 902	Bourg-St. Maurice	Val d'Isère Col de l'Iseran	20 km bis Lac du Chevril
2 / 31	D 902	Val d'Isère	↑	Nach 8 km
3 / 16	D 902	Col de l'Iseran 2503 m	↑	Belvedere de la Tarentaise Ponte des Lessieres Belvedere de la Maurienne
4 / 33	D 902	Lanslebourg- Mont-Cenis	N6 am Ortsbeginn Val Cenis ←	Relais des Alpes, Lanslebourg, Tel. 04 79 05 90 26
5	N 6 SS25	Col du Mont-Cenis 2503 m	↑	Lac du Mont-Cenis Mont Malamot, 2914 m
6 / 40	SS25	Susa	im Zentrum SS24 Richtung Torino, dann Colle delle Finestre	Susa: malerische Altstadt Colle delle Finestre: schmale Straße, halber Weg Schotter; Susa, Oulx, Cesane
7 / 19		Colle delle Finestre, 2176 m	ca. 2 km nach dem Col → Testa dell' Assietta 2500 m	Die 36 km lange Schotterstrecke der Assietta-Kammstraße erfordert Fahr- praxis auf Schotter und geeignetes „Gerät"; Sozias werden nicht viel Freude haben!
8 / 16	SS23	Depot (vor Fenestrelle)	← Sestriere	
9 / 23	SS23	Sestriere	↑	Endpunkt oder Einstieg der Assietta über Colle Basset 2424 m
10 / 11	SS24	Cesana Torinese	SS24 Francia ← Claviere	
11	SS24 N 94	Col de Montgenèvre 1850	↑	
12 / 21	N 94 N 91	Briançon		Festung (17. Jh.) sehensw. Altstadt, Kirche Notre Dame (1718) Auberge de la Paix in der Altstadt Tel. 04 92/21 37 43

Lac du Mont-Cenis: Ein grünes Hochtal br
den See.

sowie die Berge am Iseran. Nach der letzten folgt die Straße einem reizvoll grünen Hochtal zum Col du Mont-Cenis und öffnet dort den Blick auf den im Morgenlicht blauen Lac du Mont-Cenis, den schneebedeckten Mont Malamot und die anderen Berge, die den See umgeben.

Die Abzweigung zum Mont Malamot liegt kurz vor der französischen Grenzstation. Für den geübten Geländefahrer ist die 10 km lange, zum Teil sehr ausgewaschene Schotterstraße zum Fort kein Problem. Obwohl auch hier von einer Sperre für den allgemeinen Ver-

kehr geredet wird, war sie bei unserem Besuch im Sommer 1997 noch zu befahren.

Von Susa sind es nur wenige Kilometer zum Einstieg in den Colle delle Finestre. Ein freundlicher Italiener erklärt uns, daß wir das Chiuso-Schild nicht ernstzunehmen brauchen; die Gruppen entgegenkommender Motorradfahrer beseitigen die letzten Zweifel.

Die einspurige Straße führt in vielen engen und unübersichtlichen Kehren zum Col, anfangs als löchriges Asphaltband, später als gute Schotterstraße, die auch mit Straßenmotorrad und Sozia gut bewältigt werden kann. Im

n Col du Mont-Cenis und öffnet den Blick auf

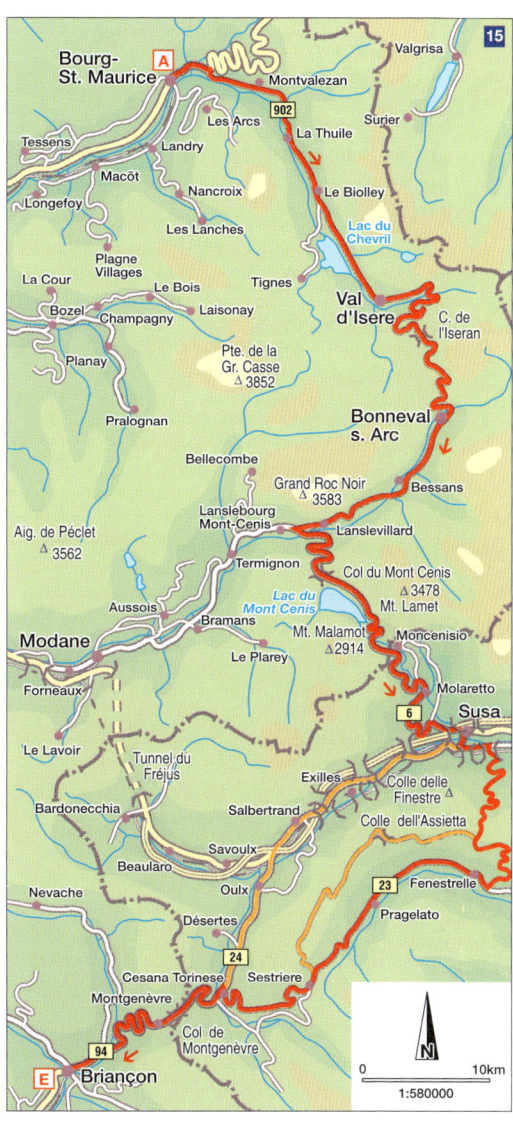

unteren Bereich begleitet uns dichter Laubwald, der nur kurze Blicke ins Tal freigibt; weiter oben mündet der Weg in ein locker bewaldetes und von Blumenwiesen durchzogenes Hochtal. Von hier erkennt man das auf dem Colle thronende Fort und beim Blick zurück über Blumenwiesen den schneebedeckten Rocciamelone.

2,5 Kilometer nach dem Colle erhält man ein Angebot. Ganz feierlich steht da auf einer Felstafel: Colle Assietta rechts, Fenestrelle geradeaus. Wer einen halben Tag Zeit hat und mit einer Enduro ohne Sozia unterwegs ist, sollte

sich diesen Leckerbissen – Assietta-Kammstraße (36 km Schotterstraße, herrliche Ausblicke) nicht entgehen lassen! Wer den bequemeren Weg nach Fenestrelle wählt, stößt nach wenigen Kilometern auf das südliche Fort in

107

exponierter Lage über dem Tal der Chisone. In Sestriere, mit „Skifahrer-Kasernen" und silo-ähnlichem Hotelturm, treffen sich die beiden Routen wieder.

Auf dem Weg nach Briançon überqueren wir den Col de Montgenèvre, eine wenig begradigte, schön zu fahrende Paßstraße, allerdings mit viel Verkehr, da sie eine wichtige Nord-Süd-Verbindung darstellt. In Briançon erwartet uns die sehenswerte Altstadt mit engen Gassen, vielen kleinen Geschäften und Straßen-restaurants, der Festung, und der Kirche Notre Dame.

Unsere Zimmersuche in Briançon – an einem Wochenende Mitte Juli – war erst nach mehreren Anläufen erfolgreich. Wer als nächstes Ziel den Col d'Izoard vor sich hat, sollte an die Quartiersuche erst danach denken, denn bei gutem Wetter taucht die untergehende Sonne die bizarre Felslandschaft am Col d'Izoard in ein pastellfarbenes Licht und sorgt für eine einmalige Inszenierung.

Col de l'Iseran: Die Südabfahrt führt in „motorradligen" Kurven und Kehren durch grüne Matten.

Colle delle Finestre: Die einspurige Schotterstraße kann auch mit Straßenmotorrädern bewältigt werden.

WEITERFÜHRENDE INFORMATIONEN

 Günstige Übernachtung

Hotel Relais des Alpes
Lanslebourg
Tel. 04 79 05 90 26

Hotel Auberge de la Paix
Briançon
Tel. 04 92 21 37 43

 Wetter

5-Tage-Vorhersage
Tourenfahrer-Wettersevice
Tel. 01 90/27 03 95
(nur von Deutschland aus erreichbar)
Code für Grenoble: 051
Kosten: DM 1,20 pro Minute

 Auskunft

Französisches Fremdenverkehrsamt
Maison de la France
Westendstraße 47
D-60325 Frankfurt
Tel. 0 69/97 58 01 39

 Der gute Rat

Übernachtung: In zentralen Orten empfiehlt sich an den Wochenenden während der Hauptreisezeit die rechtzeitige Buchung.
Essen: Will man in dem Hotel auch essen, ist es in der Regel günstiger, das Zimmer mit Demi-Pension zu nehmen.

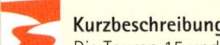

TOUR 16

COTTISCHE ALPEN UND MEERALPEN – VON BRIANÇON NACH BARCELONNETTE

 Ausgangsort
Briancon

 Zielort
Barcelonnette

 Gesamttourenlänge
150 km

 Zeitbedarf
1/2 – 1 Tag

 Anschluß
Tour 15 in Briançon,
Tour 17 in le Lauzet-Ubaye

 Pässe geschlossen
Colle de Restefond X–VI,
Col de la Bonette X–VI

 Sehenswertes
Briançon: Festung (17. Jh.), sehenswerte
Altstadt, Kirche Notre-Dame (1718)

Kurzbeschreibung
Die Touren 15 und 16 in die französischen
Alpen erschließen die wohl faszinierendsten
Gebirgslandschaften, die höchstgelegenen Pässe
und Bergstraßen der Alpen.
Bei der Planung sollten Sie berücksichtigen, daß
viele dieser Pässe nur während der Sommermonate
zu befahren sind und Sie den vollen Genuß dieses
Spektakels nur bei stabilem Hochdruckwetter
haben. Es lohnt sich also, vor dieser Tour alle verfügbaren Informationsmöglichkeiten der Wettervorhersage zu nutzen.

Der Weg zum Izoard führt auf der wenig
veränderten Originaltrasse durch das Tal der
Izoard. Es macht Spaß, sich auf dieser sehr
ursprünglichen Paßstraße in vielen „motor-

radligen" Kurven dem Höhepunkt, der zer-
klüfteten Felslandschaft und den Schotterfeldern des Col d'Izoard zu nähern.
In Château-Queyras warten nicht nur der alte
Ort mit seiner Festung, sondern auch zwei
interessante Abstecher: Zum 2257 m hochgelegenen Aussichtspunkt am Sommet Bucher
(ca. 13 km) und zu einem der höchsten Alpenpässe, dem 2744 m hohen Col Agnel (ca. 23 km)
mit Blick auf den Monte Viso (3841 m).
Auf dem Weg nach Guillestre durchfahren wir
die Combe du Queyras; hier quetschen sich

**Den höchsten Punkt der Cime de la Bonette,
von der man eine herrliche Rundsicht
genießen kann, erreicht man nach einem
Fußmarsch von etwa 10 Minuten.**

Straße und Guil, Biker und Kanuten durch die malerische Schlucht. An Wochenenden gibt's hier mehr Schlauchbootfahrer und Zuschauer als andere Verkehrsteilnehmer.

Guillestre ist der Ausgangspunkt zum Col de Vars, einer gut ausgebauten Paßstraße mit schönen Kurven und Kehren, die sich über längere Strecken durch grüne Wiesenhänge schlängeln und faszinierende Ausblicke in das Tal der Durance bis ins Valloise und das Pelvoux-Massiv ermöglichen.

Kurz nach Guillestre erreichen wir den Aussichtspunkt und Rastplatz Peyre-Haute. Aus der Panoramakarte erfahren wir u.a. die Namen der zahlreichen Dreitausender, die bei guter Sicht zu sehen sind.

Jausiers, den Einstieg zum Col de la Bonette, erreichen wir gegen Abend. Über Barcelonnette haben sich dicke Gewitterwolken zusammengezogen,während über Jausiers noch die Sonne durch die Wolken blinzelt – Grund genug, die Bonette noch heute anzugehen.

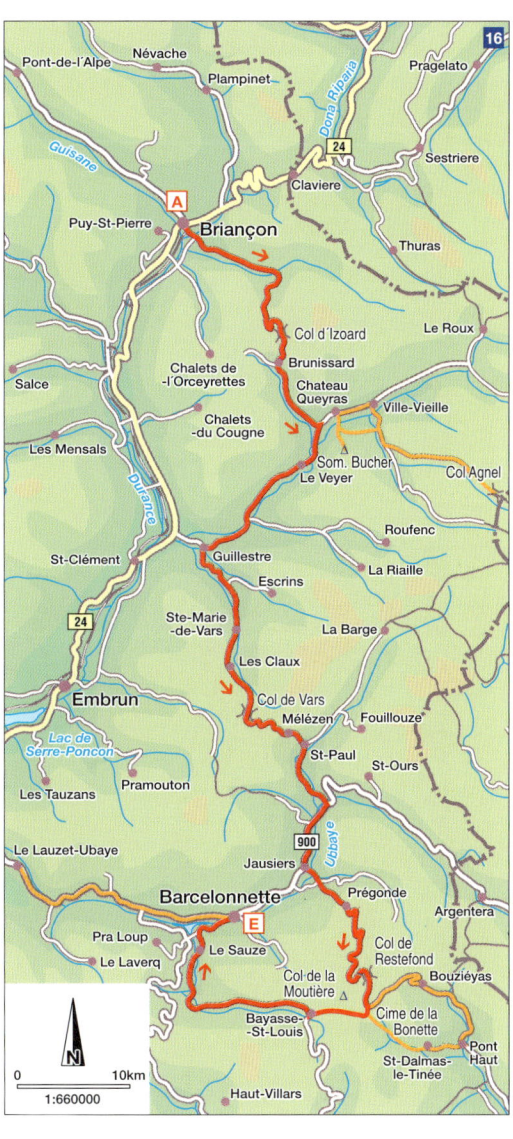

Wir genießen den landschaftlich reizvollen Anstieg in schönen Kurven durch grüne Matten, vorbei an Bächen, kleinen Seen und weidenden Schafherden – und das alles zwi-

111

Nr. km	Road	Position	Richtung	Information
ROADBOOK: Motorradtouren in den Alpen				
Tour 16 Region: Savoie / Etappe: Briançon – Barcelonnette			Karten: Michelin 244 Rhône-Alpes / 245 Provence	
1	N 94 N 91	Briançon	Gap D902 Sisteron Col d'Izoard	Festung (17. Jh.) sehensw. Altstadt, Kirche Notre Dame (1718) / Auberge de la Paix in der Altstadt Tel. 04 92/21 37 43
2	D 902	Col d'Izoard 2360 m		Casse Deserte Col d'Izoard / Chambre d'Hôte, Refuge Napoléon, (kurz vor dem Col) Tel. 04 92/21 17 42
3 38	D 947	Château-Queyras	Guillestre	Festung Château Q. (13. Jh.) liegt oberhalb / Col Agnel, 2744 m,<46 km> / Som. Bucher, 2257 m,<26 km>
4 19	D 902	Guillestre	D902 Vars	Nach 5 km Peyre-Haute, Aussichtspunkt mit Information
5 17	D 902	Col de Vars 2109 m		
6 10	D 902	St. Paul	D902 D900 Barcelonnette	
7 14	D 900	Jausiers	Col de la Bonette	
8		Casne. de Restefond	nach 2 km Abzweigung / Col de la Moutière Bayasse	Casne. de Restefond
9 24		Cime de la Bonette 2862 m	Jausiers Col de la Moultière Bayasse / Nizza St. Etienne- de-Tinée	
10		Col de la Moutière 2454 m	Vor dem Col D9 Bayasse	Bis Bayasse Schotter mit Enduro u. Sozia o.k. / Über Col de la Moutière, Pont Haut, Col de la Bonette nach Barcelonnette
11 12		Bayasse	Barcelonnette	Refuge de Bayasse, Tel. 08 92 81 07 31
12		Gorges du Bachelard		Kleine, ursprüngliche Schlucht, alte Brücken, schöne Straßen- führung
13 20		Barcelonnette		Hotel-Club la Lauzetane, Le Lauzet, Tel. 92 85 57 56

Dortmund zu uns gesellt, er hat aber keine Zeit, mit uns zum Aussichtspunkt aufzusteigen. Unser Drang, den höchsten Punkt schnell zu erreichen, stößt an physische Grenzen; wir merken die Höhe und müssen „zurückschalten". Unsere Anstrengung wird belohnt, denn das Loch in der Wolkendecke hat sich weiter vergrößert und erlaubt der Abendsonne, die näherliegenden Berge in pastellfarbenes Licht zu tauchen. Wir können nur erahnen, welch grandioses Panorama sich bei wolkenlosem Himmel hier bietet.

Zurück am Gedenkstein, erwartet uns ein französischer Motorradfahrer, der gerade aus Nizza kommt und noch heute zu einem Motorradtreffen nach Bardonècchia will. Die D64 von Pont Haut, die er heraufkam, war wegen Straßenschäden und Steinschlag gesperrt, aber ohne Probleme zu befahren!

Er nimmt sich Zeit und erklärt uns, was man von hier aus sehen kann und auch, daß diese höchstgelegene Straße in den Alpen auf Monsieur Moutière, einen ehrgeizigen höheren Beamten, zurückzuführen sei, der sich hier ein Denkmal setzen wollte. Zu seinen Ehren erhielt auch der Col de la Moutière seinen Namen. Der freundliche Franzose erkundigt sich nach unserem heutigen Ziel und meint nach einem kurzen Blick auf unsere Motorräder, mit diesem Gerät könnten wir den Rückweg über den Col de la Moutière und die D9 nach Bayasse und Barcelonnette nehmen.

Kurz nach acht folgen wir diesem Rat, weil wir nicht auf demselben Weg zurückfahren wollen. Der Einstieg ist schnell gefunden, und an

schen Bangen und Hoffen, denn immer öfter verschwindet die Sonne hinter den Wolken, und wir merken: Außer uns hatte niemand die Idee, so spät hierher zu fahren.

Als wir weit unterhalb des Restefond die nackte „Schuttpyramide" mit dem wohlklingenden Namen Cime de la Bonette zum ersten Mal sehen, ist sie noch von graublauen Wolken umgeben. Oben angekommen, finden wir die Cime unter blauem Himmel!

Inzwischen hat sich ein Motorradfahrer aus

In Briançon erwartet uns eine sehenswerte Altstadt mit engen Gassen, vielen kleinen Geschäften und Straßenrestaurants.

113

der Abzweigung zur D9, einer schmalen, zum Teil stark ausgewaschenen Schotterstraße, gibt's ein Schild. Der Weg führt mit mässigem Gefälle durch ein romantisches Hochtal. Wir kommen gut durchgeschüttelt kurz vor neun in Bayasse an; da wäre es uns ganz angenehm, im Refuge de Bayasse unterzukommen. Aber heute ist Samstag, da feiert man Hochzeit und braucht alle Betten für die Gäste. Von hier aus sind es durch die sehr ursprüngliche Gorges du Bachelard nur 20 km nach Barcelonnette, aber auch hier ist alles „complet" (Wochenende und Großveranstaltung!). Erst im 21 km entfernten le Lauzet - Ubaye sind wir erfolgreich. In einem gut ausgestatteten Club-Hotel am See bekommen wir ein schönes Zimmer zu deutlich günstigeren Konditionen.

Col de Vars: Die gut ausgebaute Paßstraße mit schönen Kurven und Kehren führt durch grüne Wiesenhänge und bietet faszinierende Ausblicke.

Col d'Izoard: bizarre Felslandschaft umgeben von riesigen Schotterfeldern.

WEITERFÜHRENDE INFORMATIONEN

 Günstige Übernachtung

Chambre d'Hôte
Refuge Napoleon
Col d'Izoard
Tel. 04 92 21 17 42

Refuge de Bayasse
Bayasse
Tel. 08 92 81 07 31

Hotel-Club La Lauzetane
le Lauzet sur Ubaye
Tel. 04 92 85 57 44

 Wetter

5-Tage-Vorhersage
Tourenfahrer-Wettersevice
Tel. 01 90/27 03 95

(nur von Deutschland aus erreichbar)
Code für Grenoble: 051
Kosten: DM 1,20 pro Minute

 Auskunft

Französisches Fremdenverkehrsamt
Maison de la France
Westendstraße 47
D-60325 Frankfurt
Tel. 0 69/97 58 01 39

 Der gute Rat

Übernachtung: In zentralen Orten empfiehlt sich an
den Wochenenden während der Hauptreisezeit die
rechtzeitige Buchung.
Essen: Will man in dem Hotel auch essen, ist es in der
Regel günstiger, das Zimmer mit Demi-Pension zu
nehmen.

DAUPHINÉ- UND SAVOYER ALPEN – VON LAUZET-UBAYE NACH CLUSAZ

 Ausgangsort
le Lauzet-Ubaye

 Zielort
la Clusaz

 Gesamttourenlänge
300 km

 Zeitbedarf
1 Tag

 Anschluß
Tour 15 in Briançon,
Tour 16 über le Lauzet-Ubaye in Barcelonnette,
Tour 18 in la Clusaz

 Pässe geschlossen
Col du Galibier X–VI,
Col de la Madeleine XI–VI,
Col de Aravis XII–IV

 Sehenswertes
Briançon: Festung (17. Jh.), Kirche Notre
Dame (1718), Altstadt; Col du Galibier: Jardin Alpin;
Albertville: Conflans-Altstadt

 **Kurzbeschreibung**
Von der Mündung des Ubaye in den Lac
de Serre-Ponçon, durch das Tal der Durance bis
Briançon und der Guisane zum Col du Lautaret,
über den Col du Galibier, den Col du Télégraphe,
den Col de la Madeleine und den Col de Aravis
nach la Clusaz.

Kurz bevor Ubaye und Durance den Lac de Serre mit ihrem Zufluß füllen, haben wir an einem kleinen See im Hotel-Club la Lauzetane eine angenehme Unterkunft gefunden und starten mit dem reichhaltigen Frühstücks-buffet im Magen als erstes zum Lac de Serre-Ponçon, der malerisch zwischen saftigen Matten, bewaldeten Hängen und Felswänden eingebettet liegt.

Nach wenigen Kilometern erreichen wir das grüne Tal, wo der Ubaye allmählich breiter wird und sich im See verliert. Wir nehmen die kurvenreiche Strecke am Ufer entlang; sie schlängelt sich an dem le Sauze mit einigen Kehren nach oben und bietet herrliche Ausblicke auf den See. Dann führt sie mit zunehmendem Abstand zu ihm durch Wiesenhügel und Getreidefelder und kehrt bei Savines-le-Lac wieder an den See zurück. Hier treffen wir auf die geschäftige N94, die wir im Tal der Durance bis Briançon benutzen wollen.

In St. Clément-s-Durance nervt uns die breite gerade Straße – ein paar Nummern kleiner wäre uns recht! Wir bleiben auf der linken Talseite und folgen der D38 über Réotier bis Freissinière, hoch über dem Tal der Durance. Es ist eine schöne Strecke, die herrliche Ausblicke hinunter auf die interessante Flußlandschaft der Durance und die Berge am Ende des malerischen Hochtales, das wir durchfahren, eröffnet.

Nach kurzer Suche finden wir in Freissinière den Einstieg zum Col d'Anon, einen reizvollen kleinen Paß, der uns ins Valée du Fornel bringt; hier kann die kleine Paßtour über den Col de la Pousterle zum Tal der Gyronde fortgesetzt werden. Auf dem Weg durch Wald und blühende Wiesenhänge wird das kleine Teersträßchen zum Schotterweg. Die angerostete rote Scheibe mit dem weißen Balken signalisiert kurz vor der Paßhöhe ohne sichtbaren Anlaß:

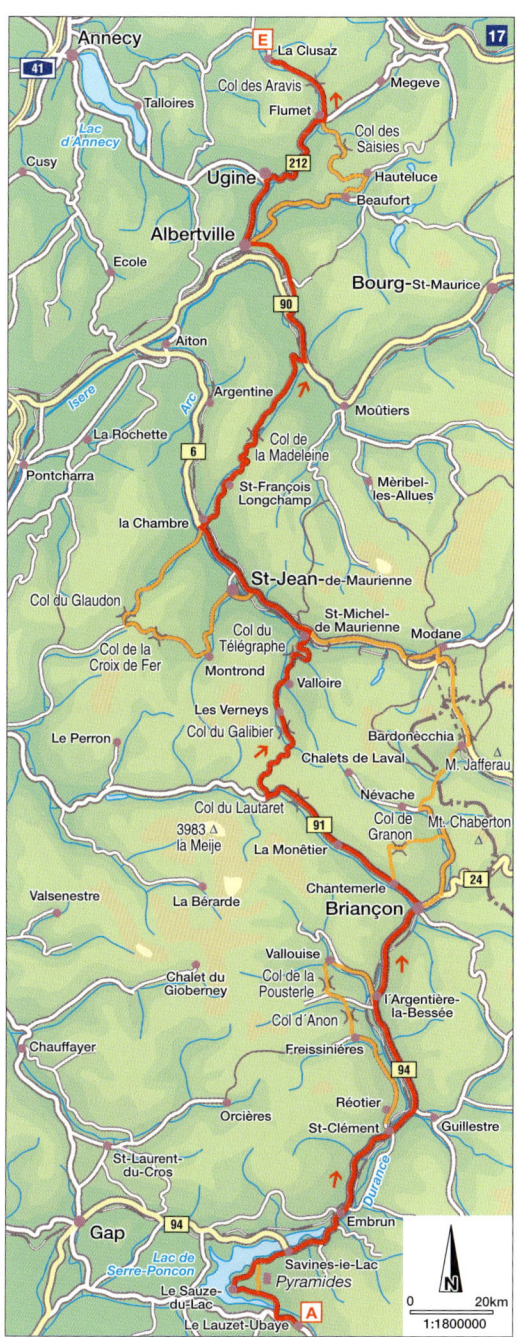

Einbahnstraße! Wir erwarten so kurz vor dem Ziel keinen Gegenverkehr und fahren einfach weiter, bis sich nach wenigen Kilometern der schöne Schotterweg in einer sumpfigen Wiese verliert. Mit unseren Enduros ist der etwa 500 m lange Schlingerkurs durch den aufgeweichten Untergrund leicht zu schaffen; auf der anderen Seite erwartet uns auf der gut ausgebauten Schotterstraße eine Abfahrt durch blühende Bergwiesen und mit grandiosen Ausblicken ins Tal und auf die „Eisriesen" im Nordwesten.

Von Briançon folgen wir der wichtigen und deshalb extrem ausgebauten N91 durch das Vallée de la Guisane zum Col du Lautaret. Lange vor der Paßhöhe und der Abzweigung zum Col du Galibier bewundern wir die grün überzogenen spitzen Berge und freuen uns auf diesen Höhepunkt der heutigen Tour. Bevor wir am Col du Lautaret nach rechts zum Galibier starten, wandern wir durch den in Paßnähe angelegten Jardin Alpin, in dem wir angeblich 3000 Pflanzenarten bewundern können.

Mit einigen Kehren im Wiesenhang und weiter zwischen riesigen Geröllfeldern gelangen wir zur Paßhöhe des Col du Galibier. Hier teilen wir mit vielen anderen das „Gipfelerlebnis": Die Sicht auf die markanten „Eisberge" der Meije und des Glacier de l'Homme und auch der nahen Berge, die mit ihrer unterschiedlichen Struktur und Farbe ein faszinierendes Schauspiel bieten. Zwischen den großen, wie Meere aussehenden Schneefeldern bilden die graugrünen Schotterflächen die Kontinente. Auch auf der anderen Seite des Cols überraschen

ROADBOOK: Motorradtouren in den Alpen

Tour 17	Region: Dauphine, Savoie Etappe: Lauzet Ubaye – Clusaz		Karten: Michelin, 244 Rhône-Alpes, 245 Provence Côte d'Azur

Nr. km	Road	Position	Richtung	Information
1	D 900	le Lauzet-Ubaye	D954 nach 2 km Savines le Lac	Nach 4 km beginnt der Lac de Serre-Ponçon. Nach 6 km über Col de Pontis möglich Hotel-Club La Lauzetane, le Lauzet, Tel. 92 85 57 46
2	D 954	le Sauze-de-Lac		
3 25	D 954	Savines-le-Lac	N94	Kurz vor Savines schöner Camping-platz in Obstgarten am See: Camping Municipal de Savines-le-Lac, Tel. 0 49 24 33 13
4 10	N 94	Embrun	N94	
5 16	N 94	St. Clément-s-Durance	D 38 Réotier	Von hier auf Nebenstraßen im Tal der Durance nach Freissinières zum Col d'Anon und Col de la Pousterle, teil-weise Schotter und Wiesenweg (nach Regen?), Enduro mit Sozia o.k.
6 20	D 95	L'Argentière-la-Bessée		Col de la Pousterle
7 16	N 94	Briançon	N91 Grenoble Col du Lautaret	Vallée de la Clarée (Mont Chaberton, 3136 m), Bardonécchia (M. Jafferau, 2785 m), Tunnel du Fréjus, St. Michel d. M.; Festung (17. Jh.) sehensw. Altstadt, Kirche Notre Dam, Auberge de la Paix in der Altstadt, Tel. 04 92 21 37 43
8 6	D 91	Chantemerle		Über Col de Granon 2413 m zum Vallée de la Clarée nur für erfahrene Enduristen!
9 22	D 91	Col du Lautaret 2058 m	D902 Valloire St. Michel	
10	D 902	Col du Galibier 2646 m (X–VI)		Am Anfang Blick auf la Meije 3983 m Am Col: Jardin Alpin
11	D 902	Col du Télégraphe 1566 m (X–VI)		
12 41	N 6 E 70	St. Michel-de-Maurienne	N6 Chambéry	
13 22	N 6 E 70	St. Jean-de-Maurienne		D906, D926, D927 Über Combe Genin, Col de la Croix de Fer 2067 m, Col du Glandon 1908 m (Combe d'Olle) nach la Chambre (54 km)
14 9	N 6 D 99	la Chambre	D 213 Col de la Madeleine	
15	D 213 D 94	Col de la Madeleine (XI–VI)		1993 m Blick auf Grd. Pic de la Lauzière
16 66	N 90 N 212	Albertville	N 212 bei zweiter Ausfahrt Ugine	D925 über Beaufort und Col des Saisies nach Flumet D105 zum Fort du Mont Conflans, sehenswerte Altstadt von Albertville
17 8	N 212	Ugine	N 212	Hier beginnt die Gorges de l'Arly
18 13	N 212	Flumet	D909 Col des Aravis	Hier beginnt die Gorges de l'Arondine
19	D 909	Col des Aravis		1498 m Hotel Les Alpages, La Giettaz, Tel. 79 32 90 30
20 22	D 909	la Clusaz		

Col du Galibier: Auf dem Weg nach Valloire faszinieren uns die dunklen Schotterfelder der Schieferberge.

immer wieder neue Szenerien, zum Beispiel der gewaltige graue Kamm der la Sétaz Vieille, der eben hinter einer sattgrünen Matte auftaucht. Der Galibier gilt als einer der schönsten Alpenpässe, wir meinen jedenfalls, er ist der interessanteste!

Auf der kurvenreichen von Wald begleiteten Abfahrt über den Col du Télegraph begeistert uns mehr die Straße, denn der Wald gibt nur selten Gelegenheit für weite Ausblicke. Einen weiteren Paß, den Col de la Croix de Fer, können wir auf der im Roadbook beschriebenen Variante „mitnehmen".

Die wenig spektakuläre Auffahrt zum Col de la Madeleine beginnt in la Chambre und führt durch riesige Weideflächen und vorbei an den üblichen Retorten-Skiorten zum Col. Hier belohnen uns die herrliche Aussicht u. a auf den Grd. Pic. de la Lauzière und die Nordabfahrt durch Weideland und waldreiche Gebiete für die mühsame Fahrt auf der alten, zum Teil recht holprigen Straße.

Nächste Station ist Albertville, dessen sehenswerte Altstadt Conflans auf einem Bergvorsprung oberhalb der Stadt liegt. 1992 war Albertville dank seiner Nähe zum riesigen Skigebiet Trois-Vallées Austragungsort der Olympischen Winterspiele.

Über Albertville gelangen wir bei Ugine zur malerischen Gorges de Arly, wo sich Straße und Fluß auf engstem Raum die Schlucht teilen; nach der „rauhen Madeleine" eine Wohltat zum Schluß! Wen es dagegen zu weiteren Paßfahrten zieht, der nimmt die Variante über den Col de Saisies.

Auf dem Weg zum zahmen Col des Aravis durchfahren wir auch noch die Gorges de l'Arondine und bewundern bei der Auffahrt durch blühende Wiesenhänge den interessanten Croix de Fer.

Col du Galibier: Von hier beeindruckt der gigantische Ausblick auf die Aigles d'Arves.

Durch das Vallée de la Guisane führt die gut ausgebaute N91 zum Col du Lautaret, dem Beginn des Galibier.

WEITERFÜHRENDE INFORMATIONEN

Günstige Übernachtung

Hotel-Club la Lauzetane
le Lauzet
Tel. 92 85 57 46

Camping Municipal
de Savines le Lac
Tél. 04 92 44 33 13

Auberge de la Paix
Briançon
Tel. 04 92 21 37 43

Hotel Les Alpages
la Giettaz
Tél. 79 32 90 30

Wetter

5-Tage-Vorhersage
Tourenfahrer-Wetterservice
Tel. 01 90/27 03 95
(nur von Deutschland aus erreichbar)
Code für Lugano: 021

Code für Bern: 138
Code für Grenoble: 051
Kosten: DM 1,20 pro Minute

Auskunft

Maison de la France
Französisches Fremdenverkehrsamt
Westendstraße 47
D-60325 Frankfurt
Tel. 01 90/57 00 25, Fax 0 69/75 21 87

CRT Rhône-Alpes
La Combe de Charbonnières
104, route de Raris
F-69260 Charbonnières les Bains
Tel. 4 72 59 21 59, Fax 4 72 59 21 60

Der gute Rat

Am Sonntag sollte man immer mit vollem Tank starten
und jede Gelegenheit nutzen, um nachzufüllen.
Geöffnet haben nur wenige Tankstellen an verkehrs-
reichen Durchgangsstraßen!

GENFER SEE UND BERNER ALPEN – VON ST. JEAN-DE-SIXT NACH INTERLAKEN

Ausgangsort
St. Jean-de-Sixt

Zielort
Interlaken

Gesamttourenlänge
300 km

Zeitbedarf
1–2 Tage

Anschluß
Tour 17 in St. Jean-de-Sixt,
Tour 14 über Interlaken in Andermatt

Pässe geschlossen
Col de la Colombière XII–IV,
Pas de Morgins XII–IV,
Col de la Croix XI–IV

Sehenswertes
Thonon-les-Bains: Alter Fischmarkt,
Museum; Abondance: sehenswerte Abteikirche
(14. Jh.), Kreuzgang, Fresken; Spiez: romanische
Kirche Einingen (11. u. 13. Jh.)

Kurzbeschreibung
Unsere Tour zum Genfer See beginnt mit
dem Col de la Colombière über Cluses und den Col
de Con nach Thonon-les-Bains. Über den Pas de
Morgins erreichen wir bei Monthey das Rhonetal.
Von hier geht es über den Col de la Croix und den
Col du Pillon ins Simmental und zum Thuner See,
dem wir bis Interlaken folgen.

In St. Jean-de-Sixt beginnt unsere Tour zum Genfer See bei bewölktem Himmel. Da auch die 5-Tage-Vorhersage keine strahlenden Verhältnisse verspricht, tauschen wir für diesen Trip die Sonnen-Kombi mit der regenresistenten Ausführung. Wir erreichen bald le Grand-Bornand, einen großen Fremdenverkehrsort, in dem die Entwicklung des Tourismus vorausschauend und einfühlsam betrieben wurde, mit lockerer Bebauung und niedrigen Gebäuden. Mit Blick auf den Pic de Jallouvre schwingen wir durch ein malerisches Hochtal zwischen Almflächen und blühenden Wiesenhängen, vorbei an schönen alten Bauernhöfen, grasenden Kühen und weidenden Schafen, hinauf zum Col de la Colombière. Hier bekommt die Sonne kurz eine Chance und beleuchtet für uns das mächtige Massiv in der Ferne, das uns auch auf der reizvollen Abfahrt nach Cluses begleitet. Auf halbem Wege legen wir im kleinen Ort le Reposoir eine Kaffeepause ein. Philippe Moncharmont, früher „Sternekoch" in großen Häusern und heute Besitzer des gemütlichen Restaurants La Chartreuse, hat auch günstige Zimmer zu vermieten.

In Cluses fahren wir zum Centre und folgen anfangs der Richtung Morzine, später der nach Marignier, St. Jeoire, P. de-Fillinges und Boëge. Wir nähern uns durch grüne Matten und Hügel dem höchsten Punkt, dem bewaldeten 1116 m hohen Col de Cou. Durch eine Schneise erhaschen wir einen Blick auf den fernen Genfer See. Von den Burgruinen les Allinges – sie liegen 12 km näher am See – bietet sich normalerweise der Megablick über das ganze Gewässer; doch heute erkennen wir das nördliche Ufer nur noch schemenhaft in den aufziehenden Gewitterwolken. Allinges erreichen wir von der Abzweigung in Mâcheron nach 2 km – Wegweiser: „Châteaux des Allinges".

Auf den Spuren der Tour de France '97 überqueren wir den Col de la Croix und genießen den Blick auf die Berge der Les Diablerets.

ROADBOOK: Motorradtouren in den Alpen

Tour 18	Region: Savoie, Hte. Savoie, Genfer See, Berner Oberl. Etappe: St. Jean-de-Sixt – Interlaken	Karten: Michelin 244 Rhône-Alpes Generalkarte Schweiz 1 West

Nr. / km	Road	Position	Richtung	Information
1	D 909	St. Jean-de-Sixt	D4 Col de la Colombière	
2	D4	Col de la Colombière (XII–IV)		1613 m
3	D4	Le Reposoir	V / D119	Über Tête de la Salaz und Romme 1297 m nach Cluses / La Chartreuse, Restaurant und Zimmer, Le Reposoir, Tel. 04 50 98 17 11
4 / 33	N205	Cluses	D19 nach Schranken Thyez Bonneville	Abfahrt Centre Ville und Morzine folgen bis Schranke
5	D19	Marignier	D26 St. Jeoire	
6 / 15	D26	St. Jeoire	D907 Annemasse	
7 / 12	D 907	P.d-Fillinges	D20 Boëge	
8 / 8	D20 22	Boëge	D22 D12 Thonon par Col de Cou	
9 / 10	D12 22	Col de Cou		1116 m / Nach 11,5 km Vieux Les Allinges, 2 Burgruinen, großartiger Seeblick
10 / 19	N5	Thonon-les-Bains	N5 Evian-les-Bains	Alter Fischmarkt Museum
11 / 9	N5	Evian-les-Bains	D21 Neuvecelle St. Paul	
12 / 17	D22 32	Chevenoz	D22	
13 / 12	D22	Abondance		Sehenswerte Abteikirche (14. Jh.); Kreuzgang, Fresken / l'Alpage Hotel Restaurant, La Chapel-le-d'Abondance, Tel. 04 50 73 50 25
14 / 15	D22	Pas de Morgins (XII–IV)		1369 m
15 / 14	21	Monthey	Lausanne Evian	
16 / 2	21	Collombey	Villars-s-Ollon St. Triphon Aigle	Von der Abzweigung über Rhône, Kreuzung und Autobahn immer geradeaus, am Kreisverkehr Richtung Col de la Croix / Über Aigle durchs Vallée des Ormonts nach Les Diablerets
17 / 15		Villars-s-Ollon	Les Diablerets Col de la Croix	Herrlicher Blick ins Rhonetal / Mit der Seilbahn zum Le Chamossaire 2113 m
18		Col de la Croix 1778 m (XI–IV)		Einige km nach dem Col: Fromagerie Les Mazots zum Anschauen und Käse probieren auf der Terrasse, mit Blick auf den Les Diablerets
19 / 17		Les Diablerets	Gstaad, Thun Col du Pillon	
20 / 8		Col du Pillon 1546 m		Von hier Seilbahn auf den Sex Rouge, 2971 m

In Thonon-les-Bains sind wir angenehm überrascht, daß sich der Rummel am Hafen in Grenzen hält. Die beiden Afrikaner aus dem Senegal, die hier gelangweilt sitzen, freuen sich darüber weniger, denn in ihren vollgestopften Autos warten die Souvenirs auf Abnehmer. Wir genehmigen uns während der kurzen Rast nur einen Hot-Dog, denn wir wollen schnell den dunklen Gewitterwolken entkommen, die sich über dem See zusammenziehen.

In Evian verlassen wir die Uferstraße in südöstlicher Richtung nach Chevenoz und in Richtung Rhonetal. In Abondance hat uns die Gewitterfront eingeholt, und bald zwingt uns der Wolkenbruch unter das Vordach einer Zimmerei; unsere regenresistente „Haut" wiegt nun nach der kurzen Regenfahrt zentnerschwer.

Wir warten zwei Stunden, bis der Regen nachläßt und versuchen dann im nächsten Ort den fast leeren Tank aufzufüllen. Aber auch das ist ein zeitraubendes Vorhaben; erst als nach einer Stunde der junge Freund der „Tankfrau" mit seinem Moped auftaucht, bekommen auch wir Benzin. Es ist nun schon spät geworden. Daher wollen wir die vor uns liegende schöne Strecke erst morgen bei wahrscheinlich besserem Wetter in Angriff nehmen. Deshalb bleiben wir in La Chapelle-d'Abondance und lassen uns im Hotel l'Alpage mit einem feinen Fünf-Gänge-Menue verwöhnen. Der nächste Morgen: Heute haben wir es geschafft, um sieben auf den Mopeds zu sitzen; wir sind alleine unterwegs auf der großzügig ausgebauten Straße zum Pas de Morgins

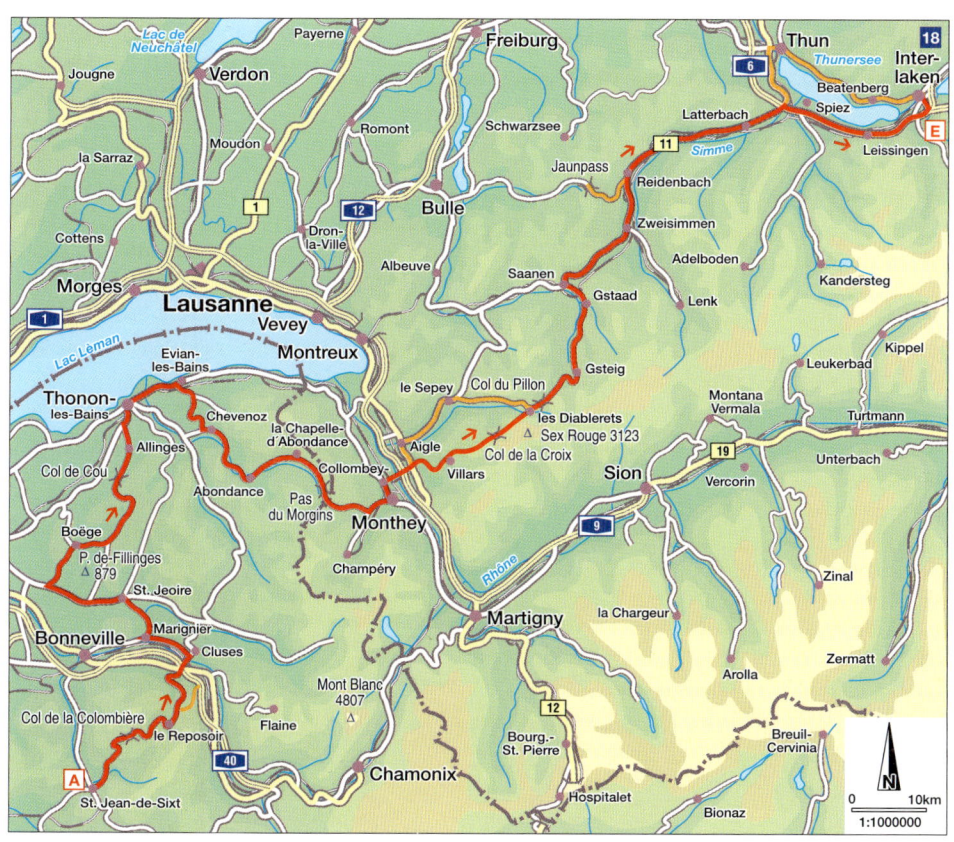

und hinunter nach Monthey. Auf der gesamten Strecke sind wir von reizvoller Landschaft umgeben. Wir können sie bei dem unspektakulären Streckenverlauf, der sich ohne große Anstrengung bewältigen läßt, in Ruhe genießen!

In Monthey folgen wir erst der Richtung Lausanne bis Collombey; dort überqueren wir Rhone und Autobahn und nehmen über Villars-s.-Ollon die Auffahrt zum Col de la Croix. Durch Weingärten und Wiesenhänge schlängelt sich die „Gelbgrüne" auf den Spuren der Tour de France '97 vom Tal der Rhone herauf.

Beim Blick ins fruchtbare Tal fasziniert uns die unterschiedliche Struktur der Felder, die wie ein großer bunter Teppich wirken.

Wälder und satte Weideflächen säumen unseren Weg über den Col de la Croix bis zum Col du Pillon, und immer wieder öffnet sich der Blick auf die faszinierenden Berge der Les Diablerets.

Nach dem Col de la Croix folgen wir dem einladenden Schild zur Fromagerie Les Mazots. Hier können wir beobachten, wie aus der flüssigen Milch die feste Käsemasse entsteht und die Reifung der einzelnen Sorten vor sich geht.

125

Nr. km	Road	Position	Richtung	Information
21 / 18	11	Saanen	11	
22 / 14	11	Zweisimmen	↑	Ⓐ Obersimmental, Lenk, <25 km> Nach 8 km Jaunpaß, 1509 m
23 / 34	6 / 11	Spiez am Thuner See	6 ← ↑ → 11 / V	Romanische Kirche Einigen 11. u. 13. Jh. Ⓐ Niesen 2362 m, Seilbahn ab Mülenen Ⓥ Über Thun, Beatenberg nach Interlaken
24 / 17	6 / 11	Interlaken		Ⓐ Von Lauterbrunnen mit der Zahnradbahn nach Wengen (Eiger, Mönch, Jungfrau) und zum Jungfraujoch 3454 m (Aletschgletscher)

Am Col du Pillon starten gerade einige Snowboarder den atemberaubenden „Flug" zum Sex Rouge und dem Sommerskigebiet auf dem Glacier de Tsanfleuron.

Von Saanen führt die Route durch das malerische Simmental nach Spiez am Thuner See und Interlaken am Brienzer See. Der reizvolle Weg erreicht Interlaken auf der „Gelb-grünen", die nördlich des Thuner See verläuft.

Im Restaurant neben der Käseküche können wir anschließend verschiedene Käse probieren.

Durch das malerische Simmental erreichen wir Spiez am Thuner See mit seiner markanten Bergkulisse.

Heuernte im Simmental: an der Auffahrt zum Jaunpaß.

WEITERFÜHRENDE INFORMATIONEN

 Günstige Übernachtung

La Chartreuse
Le Reposoir
Tel. 04 50 98 17 11

l'Alpage Hotel-Restaurant
La Chapelle-d'Abondance
Tel. 04 50 73 50 25

 Wetter

5-Tage-Vorhersage
Tourenfahrer-Wetterservice
Tel. 01 90/27 03 95
(nur von Deutschland aus erreichbar)
Code für Lugano: 021
Code für Bern: 138
Code für Grenoble: 051
Kosten: DM 1,20 pro Minute

 Auskunft

Maison de la France
Französisches Fremdenverkehrsamt
Westendstraße 47
D-60325 Frankfurt
Tel. 01 90/57 00 25
Fax 0 69/75 21 87

CRT Rhône-Alpes
La Combe de Charbonnières
104, route de Raris
F-69260 Charbonnières les Bains
Tel. 4 72 59 21 59, Fax 4 72 59 21 60

Schweiz Tourismus
Kaiserstraße 23
60311 Frankfurt a.M.
Tel. 0 69/25 60 01- 0
Fax 0 69/25 60 01-10

Kursive Ziffern verweisen auf Abbildungen, geradestehende auf Textstellen und Roadbooks